MOZARTS OPERN
im Werk von Max Slevogt und Hans Meid

Internationale Stiftung Mozarteum Salzburg
Hans-Meid-Stiftung Frankfurt am Main

MOZARTS OPERN

im Werk von
Max Slevogt und Hans Meid

Mit Beiträgen von
Rudolph Angermüller
Franz Hermann Franken
Hans-Jürgen Imiela

1996

K. H. Bock

Die Deutsche Bibliothek – CIP-Einheitsaufnahme

Mozarts Opern im Werk von Max Slevogt und Hans Meid /
Internationale Stiftung Mozarteum Salzburg und Hans Meid-Stiftung Frankfurt am Main.
Mit Beitr. von Rudolph Angermüller... - Bad Honnef : Bock, 1996
ISBN: 3-87066-387-1
NE: Angermüller, Rudolph; Internationale Stiftung Mozarteum

ISBN 3-87066-387-1

© Verlag Karl Heinrich Bock, Bad Honnef
Alle Rechte vorbehalten
Bildrechte bei den Leihgebern

Umschlaggestaltung: Punkt & Pixel, Bad Honnef
Satz: Satzstudio Alfes, Siegen
Reproduktionen: GfD Wienands, Bad Honnef
Druck: Clausen & Bosse, Leck

Inhalt

Vorwort	7
Hans-Jürgen Imiela: Slevogt und Mozart	9
Franz Hermann Franken: Hans Meid (1883–1957) und seine Radierungen zu Mozarts Oper „Don Giovanni"	29
Rudolph Angermüller: Mozart-Opern in den 1920er Jahren	39

Bildteil:

1	*Max Slevogt*, Francisco d'Andrade als Don Giovanni, Komturszene	64
2	*Max Slevogt*, Francisco d'Andrade als Don Giovanni, Friedhofszene	65
3	*Max Slevogt*, Francisco d'Andrade als Don Giovanni, aus „Der Virtuose"	66
4–12	*Max Slevogt*, Bühnenentwürfe für die Dresdener Staatsoper. Neun signierte Lithographien auf Chinapapier im Verlag Bruno Cassirer, Berlin 1924	67–75
13	*Max Slevogt*, „Die Zauberflöte". Kreidelithographie 1910 vor Eindruck der Titelschrift	76
14–60	*Max Slevogt*, Randzeichnungen zur „Zauberflöte". 47 Radierungen verlegt bei Paul Cassirer, Berlin 1920	77–123
61	*Hans Meid*, Selbstbildnis (1917)	124
62–65	*Hans Meid*, Handzeichnungen zu Mozarts „Don Giovanni". Vier Handzeichnungen in Lichtdruck nach verlorenen Kreidezeichnungen, Berlin 1924	125–128
66–80	*Hans Meid*, „Don Juan. 15 Radierungen zur Oper von Mozart" im Verlag von Paul Cassirer, Berlin 1912	129–143
Abbildungsverzeichnis		145
Personenregister		148

Vorwort

Die Sonderausstellung in Mozarts Geburtshaus 1996 ist zwei bildenden Künstlern gewidmet: dem 1868 in Landshut geborenen Maler und Graphiker Max Slevogt und dem 1883 in Pforzheim zur Welt gekommenen Radierer, Buchillustrator und Maler Hans Meid.

Unsere Sonderausstellungen der 1980er Jahre konzentrierten sich vornehmlich auf Mozarts Opern („Idomeneo, Re di Creta", „Die Entführung aus dem Serail", „Le Nozze di Figaro", „Don Giovanni"), in den frühen 1990er Jahren beschäftigten wir uns mit Mozarts Reisetätigkeit nach Italien, Prag, Dresden, Leipzig und Berlin.

Die Freundschaft Slevogts mit dem Musikkritiker Theodor Goering verschaffte dem jungen Künstler Zugang zu Mozart. 1902/03 entstanden die d'Andrade-Bilder. Slevogt faszinierte der portugiesische Bariton Francisco d'Andrade (1859 bis 1921) so, daß er ihn als Don Giovanni in seinen Gemälden unsterblich machte. Der „Weiße d'Andrade" von 1902 zeichnet sich durch Bewegungsrhythmik, Farbenpracht und strahlendes Licht aus.

Die Illustrationen zur „Zauberflöte" 1918/19 bestechen besonders durch eine zarte Radiertechnik.

Reiche Schattierungen beherrschen die Bühnenentwürfe zum „Don Juan", die 1924 für die Dresdener Staatsoper gefertigt wurden.

Neben Max Slevogt war Hans Meid der bedeutendste Hauptvertreter der impressionistischen Buchillustrationen. Eleganz und Reichtum der malerischen Nuancen innerhalb des Schwarz-Weiß bestimmen das Œuvre Meids.

Die Internationale Stiftung Mozarteum ist besonders Herrn Prof. Dr. Franz Hermann Franken aus Freiburg im Breisgau dankbar, daß er seine große und schöne Slevogt- und Meid-Sammlung für diese Ausstellung zur Verfügung gestellt hat. Für weitere Leihgaben haben wir Prof. Dr. Hannsdieter Wohlfahrt aus Freiburg im Breisgau und der Galerie Fischer (Frau Trude Fischer) aus Luzern zu danken. Zum Zustandekommen der Ausstellung haben auch die Hans-Meid-Stiftung Frankfurt am Main und das Bankhaus Carl Spängler & Co., Salzburg, beigetragen.

Mögen Mozarts Opern „Don Giovanni" und „Die Zauberflöte" wieder durch die Arbeiten von Slevogt und Meid lebendig werden, mögen zahlreiche Besucher der Ausstellung sich an den bedeutenden Blättern erfreuen.

Dr. Friedrich Gehmacher
Präsident der Internationalen Stiftung Mozarteum

Hans-Jürgen Imiela

Slevogt und Mozart

Max Slevogts (1868–1932) künstlerische Auseinandersetzung mit Werken von Wolfgang Amadeus Mozart[1] verdichtete sich aus dem weiter gefaßten Zusammenhang seiner Beschäftigung mit Musik. Dazu gehörten als Voraussetzungen einerseits seine umfangreiche Kenntnis der unterschiedlichsten kompositorischen Leistungen wie ebenso seine praktische Teilhabe. Slevogt sang gerne, mit Talent begabt, und einer Überlieferung zufolge wünschte er sich Sänger zu werden, als er schon Anfang der 1890er Jahre sein Studium der Malerei beendet hatte. Seinem Klavierspiel, angeblich nach einer unzureichenden Partitur, verdankte er die Freundschaft des im selben Hause in der Pilotystraße in München wohnenden Musikkritikers Theodor Goering, den er damit im Mittagsschlaf gestört habe. Wenn Goering keine Zeit hatte, schickte er später Slevogt in Konzerte mit der Auflage, seine Erfahrungen dann schriftlich zu formulieren. Den jeweiligen Text ließ er unverändert drucken, leitete ihn lediglich mit dem Hinweis ein: „Ein Freund schrieb mir."

Solcher Kenntnisreichtum hatte sich schon Ende der 1880er Jahre bei Slevogt angekündigt und seinen ersten Niederschlag sicher nicht zufällig in Zeichnungen gefunden. Im Jahre 1886 entstanden unter anderem: „Schumann-Sonate"; „Chopin. Präludien"; „Beethoven-Sonate". Es handelt sich dabei um freie Variationen von phantastischen Einfällen, die ihren Ursprung in der bewegenden Erlebnisfähigkeit haben, die Musik bei Slevogt auszuüben imstande war.[2]

Bei einigen Zeichnungen erscheinen in der Mitte eines komplizierten Bildgefüges der Name des Komponisten, der Titel eines Werkes und manchmal eine Notenzeile. Im Bezugsystem kann zudem noch Gegenwärtiges zitiert werden, wie die Darbietung durch Interpreten – eine Sängerin neben einem Begleiter am Flügel. Bei der Frage nach Anregungen darf auf Moritz von Schwind (1804–1871) verwiesen werden.

Eine etwas jüngere Gruppe von Darstellungen, mit dem Datum 1888, unterscheidet sich von den erstgenannten deutlich im Zeichenstil wie durch die Handlungsintensität. Während die frühen Beispiele unverkennbar unter dem Eindruck künstlerischer Vorgaben entstanden, wie sie Slevogt in München zugänglich waren, machten sich dann Ausdruckskriterien bemerkbar, die ein in zuvor unbekannter Weise geradezu heftiges Mitgerissensein zum Ausdruck bringen. Mit der Themenwahl wie der Art ihrer Niederschrift kamen als treibende Kräfte später existenzielle Beweggründe zum Ausdruck und diese drohten zugleich Figurationen der Selbstdarstellung zu provozieren, die außerhalb der Kontrolle des für Slevogt Verantwortbaren gerieten. Eine Überlieferung bestätigt, daß er zeitweise plötzlich zwanghafte Imaginationen, durch das Hören von Musik ausgelöst, zeichnend aus sich heraus entließ und diese Ergebnisse dann gleich – im Zustand wiederhergestellter Wachsamkeit – vernichtete.

Die Verbindung von Existenzverständnis und Musik fand zudem noch 1889 ihren Niederschlag

---

[1] Die bislang ausgiebigste Vorlage des zugehörigen Materials findet sich in: Hans-Jürgen Imiela und Berthold Roland, Slevogt und Mozart. Werke von Max Slevogt zu den Opern „Don Giovanni" und „Die Zauberflöte". – (Mainz: Philipp von Zabern 1991). – Die ausführlichste Behandlung unter musikhistorischen Aspekten erfolgte durch Friedrich Dieckmann, Die Zauberflöte. Max Slevogts Randzeichnungen zu Mozarts Handschrift. – Berlin: Buchverlag Der Morgen (1984); zweite Auflage: Frankfurt am Main und Leipzig: Insel Verlag (1990). – Rudolph Angermüller, Mozart. Die Opern von der Uraufführung bis heute. – (Frankfurt am Main, Berlin, Wien:) Propyläen (1988). – Gabriella Ansbacher, Mozart nell'opera pittorica e grafica di Max Slevogt. Ausstellung des Museo Teatrale alla Scala in Verbindung mit dem Goethe-Institut Mailand 1980.

[2] Hans-Jürgen Imiela, Max Slevogt. Eine Monographie. – Karlsruhe 1968, S. 15–16, Abbildung 111–112.

in der Folge von Zeichnungen zu einem nicht endgültig ausgeführten lithographischen Zyklus: „Die Liebe eines Eskimos". „(– Richard Strauß [sic!, 1864–1949] war damals dafür angeregt, entsprechend kleine Musikstücke dazu zu schreiben –)"[1] Johannes Guthmann hat zudem noch eine weitere Möglichkeit der künstlerischen Annäherung – und hier erscheint erstmals der Name Mozarts – überliefert: „Das einzige Mal, wo er in den Münchener Jahren sich der Oper mitschöpferisch zur Verfügung zu stellen bereit war – auf Anregung von Richard Strauß [sic!] hatte er für die neue Einstudierung des Mozartschen Titus an der Hand ausgewählter Rokokodarstellungen den Vorschlag gemacht, die antikischen Gestalten in Reifrock und Perücke auftreten zu lassen."

Der Zeichner blieb der Verführte. Der Maler hat sich anscheinend, wird vom nachweisbaren Werkbestand ausgegangen, zu solchen Eskapaden nicht hinreißen lassen. Das hing sicher mit den andersgearteten Voraussetzungen des Entstehungsvorganges zusammen, die damals Unmittelbarkeit nicht zuließen. Durchaus übereinstimmend mit einer Entwicklungstendenz in München näherte sich Slevogt dem „Jugendstil", ohne allerdings in die Gefahrenzonen ornamentaler Unverbindlichkeit zu geraten. Aber er gehörte 1892/93 gleich der Münchner Sezession an und als er sich bald danach der zu ihr Abstand suchenden „Freien Vereinigung" anschloß, fand er sich dort im direkten Umfeld von Otto Eckmann (1865–1902), Carl Strathmann (1866–1939), Peter Behrens (1868–1940), Thomas Theodor Heine (1867–1948). Als Zeichner hatte er damit zugleich Verbindung zu Albert Langen, der als erster Verleger in Deutschland nach französischem Vorbild von Künstlern farbige Buchumschläge entwerfen, und der dann seit April 1896 den „Simplizissimus" erscheinen ließ. Slevogt leistete für beide Unternehmungen seine Beiträge.

Immerhin erlauben drei Beispiele von Malereien aus den gleichen Jahren allgemeine Wirkungskomponenten von Musik namhaft zu machen. 1895 entstanden das Triptychon „Der Tanz" und „Tanz der Salome", ferner 1896 der „Totentanz".[2] Vor allem bei der letztgenannten Komposition kommt Rauschhaftigkeit zum Ausdruck. Die Anregung dazu gaben Erinnerungen an Redouten in den Kaim-Sälen in München. Eine junge Frau zieht, von sinnverwirrenden Klängen dazu heftig angetrieben, einen Vermummten mit sich. Das außer Kontrolle geratene Geschehen vollzieht sich in der nächsten Bildschicht. Gleich dahinter fällt der turbulent durchdrungene ovale Raum in die Tiefe ab. Er wird zum Abgrund und der scheinbar passiv Mitgerissene wird sich als der Tod enthüllen.

Wenn bislang nur einmal der Name Mozarts Erwähnung fand, hängt das, wie die frühen Zeichnungen belegen, mit Slevogts Interessen zusammen, über die ihn schließlich Theodor Goering hinausbrachte: „[...] ich liebte damals [...] Chopin u. Schumañ u. wurde durch ihn zu Mozart u. Bach geführt, die ich durch ihn erst gewissermaßen keñen lernte. Bach ergriff mich gleich – Mozart seltsamerweise erst allmählich."[3] Die eigenständigen Ergebnisse kamen tatsächlich erst zustande, als Slevogt, von einer tiefgreifend sich ändernden Einstellung zu seinem eigenen Hervorbringen ausgehend, seine Aufgaben völlig neuartig formulierte. Zeitlich fiel das zusammen mit seinem Übergang von München nach Berlin im Jahre 1901. Dabei bedurfte es nicht eines bewußt vollzogenen Einschnitts. Die Kontinuität seiner Entwicklung blieb ungestört und die Mehrschichtigkeit des ihn beschäftigenden Tuns blieb erhal-

---

1 Max Slevogt an Johannes Guthmann. Briefe von 1912–1932. Herausgegeben von Hans-Jürgen Imiela. Sammlung Franz Josef Kohl-Weigand. – St. Ingbert 1960, S. 15–16. – Johannes Guthmann, Scherz und Laune. – Berlin 1920, S.44. – Imiela, Slevogt (1968), a.a.O., S. 17, Abbildung 113.

2 Imiela, Slevogt (1968), a.a.O., S. 33–34, Abbildung 11, 12, 119. – Beate Reifenscheid, in: Max Slevogt, Ausstellung-Katalog. – Saarbrücken, Mainz 1992, S. 15–18.

3 Guthmann, Scherz und Laune, a.a.O., S. 54. Die zitierte Textstelle findet sich auf einem Blatt mit Notizen, die Slevogt für Johannes Guthmann machte, als er „Scherz und Laune" las, und die er mit „Nebensächlichkeiten" überschrieb. – Imiela, Slevogt (1968), a.a.O., S. 346–347.

ten. Sie klärte sich allerdings in der Abgrenzung der Bestandteile voneinander.

Die wache Aufmerksamkeit des Malers richtete sich zunehmend auf die Ergründung sichtbarer Wirklichkeit. Dafür fand Slevogt in Berlin ein ungleich zeitgenössischer bestimmtes Bezugsfeld als in München und er hatte unverzüglich Zugang. Im Jahre 1898 war die „Berliner Secession" gegründet und gleichzeitig öffneten Bruno (1872 bis 1941) und Paul Cassirer (1871–1926) ihren Kunstsalon in der Viktoriastraße (südlich des Tiergartens). In Berlin setzte sich – nicht zuletzt durch die vorbildliche Leistung von Max Liebermann (1847–1935) profiliert – eine Entwicklungskonstante durch, die mit „Deutscher Impressionismus" als kunstgeschichtliche Tatsache charakterisiert werden darf. Engstens damit verbunden werden muß die von heutigen Vorstellungen her schier unglaubliche Dichte der Auswahl von Werken der französischen Impressionisten, allen voran von Edouard Manet (1832–1883), die die Cassirer-Vettern anboten und damit als vorbildliche Leistung vermittelten. Bereits 1896 hatte zudem Hugo von Tschudi, durch Max Liebermann beraten, für die National-Galerie ein erstes Werk von Manet erwerben können („Dans la serre", 1879).[1]

Slevogt und Francisco d'Andrade

Slevogt malte in Berlin im Herbst 1901 zunächst einige Porträts und darauf eine bildnishafte Komposition, im Winter 1901/02 durchgeführt. Mit allen Phasen der Entwicklung[2], die diese durchlief, beweist sie, in wie hohem Maße Slevogt, durch die Fülle ihn befreiender künstlerischer Impulse begründet, ein bislang unerreichtes Leistungsniveau erreichte. Dabei lassen sich die ersten Spuren, die jedoch noch ohne unmittelbare Folgen für den Maler und Zeichner blieben, in die Zeit der Schaffensjahre in München zurückverfolgen. Johannes Guthmann überlieferte dazu: „An einem Theaterabend im Jahre 1894 sollte ein portugiesischer Sänger in München zum ersten Mal als Don Giovanni auftreten. Der Dirigent hatte die Proben nicht selber geleitet und gab beim Champagnerlied, das gemächliche Tempo Eugen Guras [1848–1906] gewohnt, entsprechenden Einsatz. Aber was war das? Der Gast gab von Takt zu Takt ein immer tolleres Tempo an, so daß am Schluß der Kapellmeister, dem ähnliche sängerische Meisterschaft noch nicht begegnet war, den Taktstock hinwarf und entzückt klatschte: ‚Da capo! Da capo!' Jetzt war es der Dirigent, der mit seinem Orchester ein rasendes Tempo nahm. Aber Francisco d'Andrade [1856–1921] übertrumpfte es! Und es entstand ein wahrer Wettlauf zwischen den beiden ‚übermütigen Lausbuben', wer der Schnellere sein könne. Slevogt war begeistert. Er schwelgte nicht nur in der Vollendung dieser romanischen Sangeskultur, ihn riß ebenso diese auf deutschen Bühnen unbekannte Eleganz des Wuchses und der Gebärde hin. Er erlebte hier den beispiellosen Triumph des geborenen Operngenies."[3]

In Berlin trat Francisco d'Andrade im Theater des Westens (an der Kantstraße) auf. Slevogt dachte zunächst offenbar daran, den Sänger in einer Zweifigurenkomposition darzustellen. Dafür sprechen die Skizzen, die er auf der Vorder- und Rückseite eines Briefumschlags niederschrieb. Sie erlauben es, die ursprüngliche Bildidee zu identifizieren: die Begegnung Don Giovannis mit der Grabstatue des Komturs. Slevogt hat sehr häufig Einfälle, die ihm spontan kamen, auf gerade griff-

---

1   Imiela, Slevogt (1968), a.a.O., S. 115–124. – Georg Brühl, Die Cassirers. Streiter für den Impressionismus. – Leipzig 1991, S. 105–161. – Nicolaes Teeuwisse, Vom Salon zur Secession. Berliner Kunstleben zwischen Tradition und Aufbruch zur Moderne 1871–1900. – Berlin 1985, S. 197–220, 230–241. – Peter Paret, Die Berliner Secession. Moderne Kunst und ihre Feinde im Kaiserlichen Deutschland. – Berlin 1981.

2   Bruno Bushart, Max Slevogt. Der Sänger d'Andrade als Don Giovanni. Werkmonographien zur bildenden Kunst Nr. 47. – Stuttgart 1959. – Hans-Jürgen Imiela, Max Slevogt und Francisco d'Andrade, in: Imiela/Roland, a.a.O., S. 7–44.

3   Johannes Guthmann, Schöne Welt. Wandern und Weilen mit Max Slevogt. – Berlin (1948), S. 66–67. „Schöne Welt" ist der Vorabdruck eines Teils der Lebenserinnerungen von Johannes Guthmann, Goldene Frucht. Begegnungen mit Menschen, Gärten und Häusern. – Tübingen 1955. Die zitierte Textstelle findet sich hier auf S. 265–266. Es gibt einige Passagen im Text Guthmanns, die sich lediglich in „Schöne Welt" abgedruckt finden.

bereite Unterlagen notiert. Die mangelhafte Qualität des Papieres wird durch darauf bereits vorhandene Datumshinweise oder andere Bezugnahmen ausgeglichen. Das erweist sich gerade im Falle des Verlaufs der Tätigkeit an dem hier in Betracht zu ziehenden Werkzusammenhangs mehrfach als höchst aufschlußreich. Der Poststempel auf dem erwähnten Briefumschlag mit dem Absendervermerk des Münchner Freundes Karl Voll trägt das Datum: 13. Juni 1901. Slevogt war gerade im Begriff, sich für Berlin zu entscheiden.

Ganz offenbar hat er dann bald von seiner anfänglichen Bildidee Abstand genommen. Der Maler vollzog den nächsten entscheidenden Schritt mit derjenigen Fassung, die er selbst in Bilderverzeichnissen „Das Theater" nannte und für die er als Entstehungsdatum „Winter 01 auf 2" angab. Sie sollte die Grundlage für eine großformatige Komposition abgeben: „[...] ursprünglich als ein 5 m langes Bild geplant, das die ganze Don-Juan-Szenerie mitsamt dem Orchester davor wiedergeben sollte, und ist das Bildnis des Sängers, als Slevogt sich mit der einen Theatergestalt beschied, doch jedesmal unmittelbar nach dem Auftreten d'Andrades im Theater des Westens in Charlottenburg, z.T. auf der Bühne selbst entstanden, wenn die Lichter noch glühten und in den Winkeln und Tiefen des Hauses die letzte Lust und Klage der Musik noch einmal geisterhaft aufrauschte und zerrann, und in den Nerven der beiden Männer, des Modells und seines Malers, die Seele und Seligkeit Mozarts wie ein göttliches Feuer weiterbrannte." [1]

Einige Besonderheiten durchdrangen sich dabei. Slevogt hat den Ereignisraum der Opernaufführung einbezogen und er hat tatsächlich das Bild im Theater des Westens gemalt. Dabei mag ihm entgegengekommen sein, daß sich damals auf der Terrasse links neben der Architektur von Bernhard Sehring (1855–1932) das erste Gebäude der Secession befand. Außerdem hat er sich zu einer völlig andersartigen inhaltlichen Voraussetzung entschlossen, in dem er die Todesszene durch den Auftritt des Sängers in der „Champagnerarie" austauschte.

Slevogt malte von einer Prosceniumsloge aus und konnte auf diese Weise drei Bereiche zitierend einbeziehen: das Logenhaus, das Orchester und die Bühne. Er wählte dabei den Schrägblick so, daß die Gestalt des Sängers, an der Rampe neben dem Souffleurkasten stehend, unter den gegebenen Umständen möglichst naherückte. Ihr ausgezeichneter Platz im Gefüge der Komposition wird zudem daran deutlich, wie links der Rahmen der Bühne, in den Proportionen gesteigert, die Geste des erhobenen rechten Armes wiederholt.

Eine besondere Bedeutsamkeit kommt ferner der Beobachtung und Verteilung des Lichts zu. Es taucht im Orchestergraben in einer Vielzahl von einzelnen kleinen Lichtquellen auf, die ihren Ursprung in den Lampen an den Notenständern haben. Von da aus scheint es sich in Reflexen an der Logenbrüstung niederzuschlagen und vor allem als größere Fläche, in der Partitur vor dem Dirigenten zusammenzuziehen, um dann in das Weiß des Kostüms, das der Sänger trägt, zu überspringen.

Auf diese Weise entwickelt sich zugleich eine Assoziation, die etwas mit einem Klangerlebnis zu tun hat. Die einzelnen Orchesterstimmen vereinigen sich zur überströmenden Melodie, die ihre höchste Steigerung in dem mitreißenden Glanz der Stimme des Interpreten findet.

Wenn nach der Tradition gefragt wird, in der diese Bühnenskizze Max Slevogts steht, darf auf Adolph von Menzels (1815–1905) „Théâtre du Gymnase", 1856, verwiesen werden. Doch die Unterschiede sind leicht einzusehen. Bei Menzel handelt es sich um die Darstellung eines in gemessenem Tempo verlaufenden Singspiels, dem die Einheitlichkeit der geschilderten Atmosphäre bis in zeitgenössisch bedingte Einzelheiten hinein entspricht. Slevogt geht es um das musikalische Erlebnis, das sich für ihn augenblicklich mit der Leistung Francisco d'Andrades vollendet identifiziert.

---

1 Guthmann, Scherz und Laune, a.a.O., S. 90–91.

Es gab im Werkbestand Max Slevogts selbstverständlich schon zuvor Malereien, deren Szenarium mit künstlicher Beleuchtung zu tun haben, aber es fehlten dabei immer die eindeutigen Hinweise auf Herkunft und Funktion der Lichtquellen. Das modifizierte sich offenbar im Winter 1901/02 in Berlin. Höchstwahrscheinlich kam ihm dabei das Vorbild von Edgar Degas (1834 bis 1917) zu Hilfe. Eine erste Auswahl von seinen Werken hatten Bruno und Paul Cassirer in ihrer ersten Ausstellung im November/Dezember 1898 gezeigt.

Im Verlauf der Weiterarbeit Slevogts an der einmal begonnenen Aufgabe konzentrierte er zunehmend sein Interesse auf das Bildnis des Sängers. Er lernte Francisco d'Andrade persönlich gut kennen und dieser stand ihm mehrfach für verschiedene Vorarbeiten persönlich als Modell zur Verfügung. Mit einigen Studien konzentrierte sich Slevogt auf die Physiognomie und bei weiteren erscheint die Gesamtgestalt einbezogen. Die Reihenfolge der letztgenannten läßt sich mit Hilfe von Zeichnungen herstellen, die bezeugen, wie die Bildidee sich entwickelte. Nachdem Slevogt zunächst einmal den Zusammenhang zwischen Bühnengeschehen und dem Orchester beibehielt – der Rückbezug auf Degas besteht hier ebenfalls unübersehbar –, blieb schließlich die Begrenzung auf das ganzfigurige, frontal gesehene Porträt. Im fortgeschrittenen Stadium der Entwicklung erfolgte dann die Einbindung in die Architekturzitate der Kulissen.

In Lebensgröße dargestellt wendet sich Don Giovanni-Francisco d'Andrade dem Betrachter zu. Die Geste des angehobenen und angewinkelten rechten Armes kehrt im Umriß der Kulissen des Hintergrundes wieder. Der Sänger steht in der Mittelsenkrechte der Komposition. Slevogt verwendete dabei als wirkungsvolles Hilfsmittel eine doppelte Perspektive. Der Betrachter sieht hinunter auf die Schrittstellung und zugleich hinauf zu dem ihn überragenden Antlitz.

Slevogt mußte sich im Verlauf des Vorankommens schließlich schnell für die endgültige Fassung entscheiden und diese zustandebringen. Die Eröffnung der vierten Ausstellung der Berliner Secession fand am 26. April 1902 statt. Der „Weiße d'Andrade" erwies sich dort sogleich als das am meisten bewunderte Bild, und dieser Erfolg hat sicher Beweggründe gehabt, die über die persönliche Leistung des Malers hinaus auf Argumenten beruhen, die weiter als das Verständnis des Porträts und seine Qualität als glanzvolle Malerei führten. Hier kamen zugleich Kriterien zum Ausdruck, die einer allgemeinen geistesgeschichtlichen Situation entsprachen.

Slevogt hatte mit seinem „Weißen d'Andrade" eine Sonderform des Porträts für die deutsche Malerei geschaffen, für die der Begriff Schauspieler-Rollenbildnis als Versuch einer allgemeinen Charakterisierung vorgeschlagen werden darf. Zweifellos lassen sich Beispiele benennen, die als Vorgänger anzusehen sind. Jedenfalls handelt es sich um ganzfigurige und lebensgroße Porträts von Akteuren auf der Bühne, die aus dem weiträumigen Geschehen herausgenommen sind und damit auf ihre individuell außergewöhnlich sich äußernde Leistung in der vorgegebenen Rolle, mit der sie sich identifizieren, konzentriert sind. Wohl nicht zufällig steht am Beginn dieser Reihe das Porträt, das William Hogarth (1697–1764) von David Garrick (1716–1779) als Richard III. um 1746 schuf.[1] Die engere Verbindung läßt sich allerdings mit Edouard Manets „Jean-Baptiste Faure als Hamlet" von 1877 herstellen.[2] Es handelt sich dabei nicht um die Darstellung des Interpreten der Titelrolle von Shakespeares (1564–1616) Drama, sondern um den Sänger Jean-Baptiste Faure (1830–1914) in der Oper von Ambroise Thomas (1811–1896). Die Vergleichbarkeiten mit

---

1   William Hogarth, Garrick als Richard III., um 1747. Leinwand, 190,5 x 250,2 cm, in der Walker Art Gallery Liverpool. – Gabriele Baldini, Gabriele Mandel, L'opera completa di Hogarth pittore. – Mailand 1967, Nr. 167. (Classici dell'Arte.15.)
2   Edouard Manet, Jean-Baptiste Faure als Hamlet, 1877. a) Pastell, 46,4 x 56 cm, Privatbesitz. Tabarant (47), Nr. 458. – b) Studie, Leinwand, 196 x 129 cm, in der Kunsthalle Hamburg. – c) Faure als Hamlet, Leinwand, 194 x 131,5 cm, im Museum Folkwang Essen. Tabarant (47), Nr. 271.

Slevogts d'Andrade gehen insofern noch weiter, als Manet beim Zustandekommen des Porträts einen ähnlichen Weg gegangen war. Am Beginn seiner Bemühungen stand – belegt durch ein Pastell – der Bühnenzusammenhang mit dem Sänger-Hamlet, der dem Geist des Vaters begegnet. Im Verlauf der Weiterarbeit konzentrierte sich Manet auf die Gestalt Jean-Baptiste Faures'. Allerdings blieb der Handlungsbezug erhalten, denn Hamlet steht in Schrittstellung halb nach links gewendet und blickt fasziniert mit weit geöffneten Augen auf die Erscheinung.

Indem Slevogt d'Andrade frontal zum Betrachter stellte, konnte sich dieser einer Konfrontation nicht entziehen, die durch das Überschäumende der Geste die Identifizierung mit einem gleichen Lebensgefühl herzustellen erlaubte. Mit dem Beweis des Leistungsvermögens, das der Maler in Auseinandersetzung mit zeitgenössischen Ausdrucksqualitäten zu bringen imstande war, übertrug sich gleich ein Impuls, der gleichen existenziell begründeten Reaktionen entsprach.

Der „Weiße d'Andrade" wurde in der Berliner Secession gezeigt und dort von einem Publikum verstanden und begrüßt, weil es dessen eigene Qualität widerspiegelte. Die Künstler, die der Secession angehörten, wie diejenigen, die sich zu ihnen und ihren Werken bekannten, hatte inzwischen das Selbstbewußtsein geprägt, mit einem Anspruch auftreten zu können, der sich von traditionellen Vorstellungen abhob, wie sie offiziell galten. Es handelt sich um Zugehörige der Generation, die derjenigen der Gründerzeit folgte und die wirtschaftlichen Erfolg mit manchen geistigen Impulsen zu verbinden verstand, zu denen das Theater, die Wissenschaften ebenso wie die bildenden Künste gehörten.

Das Thema der Todesszene, der Begegnung Don Giovannis mit der Grabstatue des Komturs, hatte sich nicht völlig aus den Wunschvorstellungen Max Slevogts zurückgezogen. Er machte sich im Jahre 1903 an die Arbeit und malte den „Schwarzen d'Andrade". Das Zustandebringen ging offenbar zügig vonstatten. Nur wenige vorbereitende Skizzen und Zeichnungen lassen sich nachweisen. Die Ausführung des Gemäldes erfolgte in Bad Harzburg, wo Francisco d'Andrade eine Villa besaß.

Im Unterschied zu den anfangs erwähnten allerersten Ideennotizen auf dem Briefumschlag vom Juni 1901 konzentrierte Slevogt seine Komposition auf die Einzelgestalt des Sängers, der im Begriff ist, die von links hereinreichende und eben sichtbare Marmorhand der Grabstatue zu ergreifen, deren zupackende Gewalt er aber offenkundig noch nicht zu spüren bekommt.

Der von Slevogt mit seinem „Weißen d'Andrade" geschaffene Typus des Schauspieler-Rollenbildnisses fand durch die Nachfolge von Werken in den nächsten Jahren bis 1907 hin Bestätigung. Slevogt selbst malte 1904 die philippinische Tänzerin Marietta de Rigardo (1880–1966) und 1907 Tilla Durieux (1880–1971) als „Kleopatra".[1] Seinem vorbildlichen Vorgehen schloß sich Lovis Corinth (1858–1925) mit dem Bildnis von Gertrud Eysoldt (1870–1950) als „Salome" an und 1906 mit dem Bildnis des Rudolf Rittner (1869 bis 1943) als „Florian Geyer".[2]

Die Verbindung zwischen Max Slevogt und Francisco d'Andrade blieb nicht nur als freundschaftliches Verhältnis zueinander bestehen. Der Sänger und seine Interpretation des Don Giovanni waren für Slevogt zu einer unlöslichen Einheit verschmolzen. Als er 1906 damit begann, kleinformatige und mehrgestaltige Kompositionen mit farbigen Ausdrucksqualitäten zu schaffen, entstanden „Don Giovanni und der Komtur" sowie „Don Giovannis Begegnung mit dem Steinernen Gast". Zweifellos durch Eugène Delacroix (1798 bis 1863) beeindruckt, begann der Maler Slevogt hier sich mit Ereignishaftem auseinanderzusetzen, was bislang darzustellen dem Zeichner vorbehal-

---

1   Imiela, Slevogt (1968), a.a.O., S. 82–86, Abbildung 38, 39, 135.
2   Lovis Corinth, Gertrud Eysoldt als Salome, 1903. Leinwand, 108 x 84 cm, bezeichnet, „Gertrud Eysoldt in Oscar Wildes ‚Salome' Lovis Corinth pinxit Januar 1903", in den Kunstsammlungen Weimar. – Charlotte Berend-Corinth, Lovis Corinth. Die Gemälde. Werkverzeichnis (1992), Nr. 252. – Rudolf Rittner als Florian Geyer, 1906, Leinwand, 180,5 x 170,5 cm, bezeichnet: „Rudolf Rittner als ‚Florian Geyer' Lovis Corinth November 1906", im Von der Heydt-Museum Wuppertal-Elberfeld. – Charlotte Berend-Corinth, Werkverzeichnis Nr. 327.

ten war. Das physiognomische Erscheinungsbild blieb bei aller Skizzenhaftigkeit unverkennbar.

Im Jahre 1912 schließlich malte Slevogt den großformatigen „Roten d'Andrade". Diese Zweifigurenkomposition zeigt den vom verängstigten Leporello begleiteten Don Giovanni in der Friedhofsszene vor der Grabstatue des Komturs. Er ist im Begriff, herausfordernd den Degen zu ziehen. Als Slevogt diese der Wirkung eines Historienbildes nahekommenden Komposition vorbereitete, machte er während einer Aufführung des „Don Giovanni" in einem Skizzenbuch Bewegungsstudien, die er nachträglich farbig aquarellierte. Eine witzige Variante hatte er schon 1907 geschaffen. Am 29. Dezember konnte d'Andrade sein 25jähriges Bühnenjubiläum feiern. Slevogt zeichnete den beim nächtlichen Festmahl mit zwei jungen Schönen sitzenden Don Giovanni, der, ihm zutrinkend, den Komtur dazu einlädt. Die Statue ist gleich dreimal erschienen und mit mächtigen Proportionen ausgestattet. Von dem Frontal in der Mitte Stehenden ist nur der Kopf zu sehen, der über die Tischkarte und die mit ihr angezeigte Speisenfolge herabsieht.

Slevogt und die Randzeichnungen zu Mozarts „Zauberflöte"

Inzwischen hatte Slevogt damit begonnen, sich einer sehr andersgearteten Aufgabe zuzuwenden. Offenbar ging die Anregung zur Beschäftigung mit der „Zauberflöte" von Paul Cassirer aus. Nach der Trennung von seinem Vetter Bruno Cassirer, 1901, als Kunsthändler tätig, nahm er sofort nach Auslaufen des Vertrages mit ihm (1908) die Möglichkeit wahr, ebenfalls als Verleger in Erscheinung zu treten. Er gründete die Pan-Presse (für die Slevogt das Signet entwarf). Als erster Druck erschien in privatem Auftrag „Der gestiefelte Kater" mit Lithographien von Slevogt und 1909 als erstes Werk „Lederstrumpf-Erzählungen" von James Fenimore Cooper (1789–1851), ebenfalls mit Lithographien von Slevogt illustriert.[1]

Die Auseinandersetzung mit der „Zauberflöte" nahm Slevogt vielseitig in Anspruch. Die frühesten Hinweise geben Briefe von Paul Cassirer. Anfangs war der Dirigent Oscar Fried (1871 bis 1941) bei den Überlegungen, die Stoffwahl betreffend, einbezogen. Er wird in einem Brief vom 21. Juli 1910 erwähnt und zugleich ist die Rede von Illustrationen zur „Hochzeit des Figaro", jedoch Paul Cassirer äußerte Zweifel: „Ich glaube, Sie werden ein Wunderwerk machen, aber ich fürchte mich vor der Länge Ihretwegen! Wäre Così fan tutte nicht besser?" Aber Slevogt begann trotz solcher Rücksichtnahme noch im selben Jahr mit der „Zauberflöte". Das belegt sicher eine um Weihnachten 1910 geschaffene Lithographie, ursprünglich als Titelblatt für einen Klavierauszug der Oper gedacht.[2]

Waagerechte Rahmenformen begrenzen die Komposition, unten als Rampe mit Lampen und dem Halbrund des Souffleurkastens, oben als Vorhangstange, an der zwei Affen turnen und auf der zwei Papageien sitzen. Rechts kommt im Triumphzug Sarastro, vor ihm schreiten Tamino und Pamina sowie der tänzelnd musizierende Papageno, der sich nach links der auf einem Löwen sitzenden Papagena zuwendet. Die drei Knaben stehen abwartend im Hintergrund. Darüber erscheint auf Wolken die zürnende Königin der Nacht.

Es gibt zudem im Nachlaß Slevogts ein doppelseitig bezeichnetes Blatt mit mehreren Darstellungen aus dem Handlungsverlauf der Oper, das aus stilistischen Gründen in die zeitliche Nähe der Lithographie gehört. Die Szenen spielen sich, beschränkt auf ausdrucksvoll bewegte Gestalten, in Ereignisräumen ohne nähere Kennzeichnung ab. Es gibt keinen Anflug von Feierlichkeit, die Auswahl fiel eher auf drastische Begebenheiten. Vielleicht waren diese Entwürfe für eine Ausgabe des Librettos gedacht.

---

1   Max Slevogt, James Fenimore Cooper, Lederstrumpf Erzählungen. Mit Originallithographien von Max Slevogt. – Berlin 1909. – Johannes Sievers, Emil Waldmann, Max Slevogt. Das druckgraphische Werk I. – Heidelberg, Berlin 1960, Nr. 90–419. – Eva Caspers, Paul Cassirer und die Pan-Presse. – Frankfurt am Main 1989, S. 47–53.

2   Sievers/Waldmann, a.a.O., Nr. 420. – Imiela/Roland, a.a.O., Abbildung 145.

Die „Zauberflöten"-Motive müssen in Slevogt zu rumoren begonnen haben. Nur so ist zu verstehen, daß er sie bei der Auseinandersetzung mit einer ganz andersgearteten künstlerischen Aufgabe abwandelte. Es handelt sich um die im Juni 1911 entstandenen Wandmalereien in einem offenen Gartenpavillon auf dem Besitztum von Johannes Guthmann in Neu-Cladow. Ihre formalen Voraussetzungen haben sie in ornamental aufgebauten und durchdrungenen farbigen Zeichnungen mit darin verwobenen menschlichen Gestalten, Tieren oder bunten Vögeln, wie sie der 1909 erstmals gedruckte und seit 1911 verwendete Umschlag für „Kunst und Künstler" zeigt. Spuren davon finden sich in der erwähnten Lithographie zur „Zauberflöte" von 1910. Die dort eingefügte, obere Vorhangstange kehrt, anders besetzt, über dem Hauptfeld der Wand in Neu-Cladow wieder. Hier hängt zudem in der Mittelachse unter und zwischen einem Rankengebilde ein Käfig herab, in dem Papagena sitzt, die zwei von außen zu ihr kommende Kinder nährt.

Im Verlauf des Jahres 1912 scheint das Sich-Vorantasten mit Zielrichtung auf einen Illustrationszyklus zur „Zauberflöte" hin noch auf andere Weise in Gang gekommen zu sein. Es gibt zwei Radierungen[1], die als technische Versuche beschrieben wurden.

Beide zeigen auf chemographischem Wege übertragene Notenzeilen und dabei in Vernis mou und Kaltnadel ausgeführte Zeichnungen. Es ging darum auszuprobieren, wie stark die Ätzung beschaffen sein mußte, um sich neben der Partitur durchsetzen zu können. Bei dem einen Zitat handelt es sich um „Zu Hilfe! Zu Hilfe! sonst bin ich verloren!". Ein inhaltlicher Bezug der darunter dargestellten Motive besteht nicht, aber für das Verständnisbemühen Slevogts, die besonderen technischen Bedingungen betreffend, darf die Tatsache höchst aufschlußreich gewertet werden, daß zwei der Zeichnungen von Hermann Struck (1876–1944) stammen. Struck war in Berlin der beste Kenner der Technik und ihrer Varianten. Seine grundlegende Untersuchung „Die Kunst des Radierens" erschien bereits 1908 als eine der ersten Buchpublikationen bei Paul Cassirer.

Der Druck der zweiten Radierung von 1912 mit den Anfangstakten der Ouvertüre zur „Zauberflöte" machte beim Zustandebringen der adäquaten Ätzstärke ähnliche Schwierigkeiten. Das hatte aber hier keinen Einfluß auf die von Anfang an getroffene Themenwahl. Das Gesamtgefüge wird oben von der Darstellung des rückwärts gewendet auf seiner Rosinante sitzenden, eingeschlafenen Don Quixote und des neben ihm am Boden ruhenden Sancho dominiert. Über einen möglichen Sinnzusammenhang mit den Notenzitaten gibt es bislang keine Vermutungen. Unten jedoch finden sich ausgelassen tanzend Papageno und Papagena.

Das Planen trat noch im selben Jahr 1912 insofern in ein erstes faßbares Stadium, als in dem Katalog der Pan-Presse das Erscheinen der „Zauberflöte" für den Herbst 1913 angekündigt wurde. Offenbar ging es aber mit der Verwirklichung des Planes nicht zügig voran, denn am 5. Oktober 1912 schrieb Paul Cassirer an Max Slevogt nach Godramstein in der Pfalz: „Wann kommen Sie zurück? Wie steht es mit der Zauberflöte? Haben Sie die Lust verloren?"

Die nächste sichere Station auf dem Wege zu den „Randzeichnungen" hin läßt sich mit dem im Dezember 1916 in Auftrag gegebenen und spätestens im Juni 1917 fertiggestellten „Zauberflöten"-Fries benennen. Er entstand für den Musiksaal eines Privathauses in Hannover. Dieser Bestimmung entsprach das ungewöhnliche Format von 63 cm Höhe und 432 cm Breite. Es geht darin kaum um Handlungsintensitäten. Vor dem Goldgrund sind die Akteure von den Seiten her auf die Mitte hin bezogen. Links sitzt zwischen Resignation und Angriffsbereitschaft abwartend die Königin der Nacht, von ihren drei Damen umringt. Es folgen zur Mitte hin Tamino und Pamina, von Monostatos beargwöhnt. Von rechts ausgehend schreitet auf Tuben blasend der Chor der Priester hinter Sarastro. Vom Ende des Zuges her sieht Papagena, sich vorbeugend, zur Mitte der gesam-

---

[1] Sievers/Waldmann, a.a.O., Nr. 475, 476.

ten Komposition hin, wo Papageno die Silberglöckchen erklingen läßt, nach deren Melodie die Mohren tanzen.

Tamino und Pamina befinden sich noch im Wirkungsbereich der Königin der Nacht. Die rechte Hälfte der Frieskomposition mutet lebendiger durchdrungen an. Das beginnt mit Papagena, geht über das gemessene Schreiten der Priester zur Mitte hinweg, wo um und mit Papageno sich die freieste Entfaltung findet. Slevogt wird eine solche Differenzierung wohl kaum lediglich aus Gründen dekorativer Gefälligkeit gesucht haben. Sein Papageno hat zwischen den gegensätzlichen Mächten die Fähigkeit behalten, kraft seines Unverdorbenseins im Handlungsgefüge seine Rolle zu spielen.

Wird nach Vergleichbarem zuvor gefragt, darf wiederum auf Moritz von Schwind verwiesen werden. Seine Malereien in den Gewölben der Loggia des Opernhauses in Wien (1863 Auftrag, 1865 Kartons, 1867 fertiggestellt) sind ausschließlich Papageno-Motiven gewidmet.[1]

Ferner kann wohl noch eine andere Qualität der Gestalt Papagenos für Slevogt vermutet werden. Es geht dabei um sein Verständnis des künstlerisch-schöpferischen Menschen. Zur gleichen Zeit, als Slevogt sich darstellerisch der „Zauberflöte" zu nähern begann, nahm ihn seit Februar/März 1911, vor allem dann im Verlauf des Jahres 1912 weitestgehend die Arbeit an den Illustrationen zu den Lebenserinnerungen des Benvenuto Cellini (1500–1571) in der Übersetzung von Goethe (1749–1832) in Anspruch.[2] Es handelte sich zweifellos um einen völlig andersgearteten Stoffbereich, um die Schilderung turbulenter Lebensumstände einer historisch genau bestimmbaren Persönlichkeit; aber es handelte sich zugleich um einen von seinem schöpferischen Gestaltungstrieb ständig in Bedrängnis gebrachten Menschen, den Slevogt vielleicht so gut verstand, weil er hinter seinen eigenen Tätigkeiten und den Veranlassungen dazu ähnliche Beweggründe empfand. Die überzeugende Kraft des (so unterschiedlich begründeten) Erlebnishaften, die von Cellini wie von Papageno für ihn ausging, hat Slevogt dankbar in sein Gestaltverständnis umgesetzt.

Die Weiterarbeit an der „Zauberflöte" läßt sich in den Jahren bis 1917 hin nur sehr ungefähr verfolgen. Die Buchausgabe des „Cellini" erschien zu Beginn des Jahres 1914. In der zweiten Hälfte des Monats Februar bis Ende März reiste Slevogt in Ägypten[3] und malte dort die Reihe seiner Aquarelle und Gemälde. Über Sizilien, Italien und Südtirol kam er im Juni 1914 nach Neukastel bei Landau in der Pfalz zurück, das kurz zuvor sein Eigentum geworden war. Bereits am 12. Oktober konnte er an die Westfront gehen, um dort künstlerisch tätig zu werden. Er kam am 2. November zurück, von furchtbaren Erlebnissen zutiefst ergriffen, die zunehmend bislang ungewohnte Fragestellungen in ihm provozierten.[4] Solche Hintergründe sollten selbst beim Bemühen, den Ablauf der Arbeit an der „Zauberflöte" zu verfolgen, im Bewußtsein bleiben.

Zu den „Randzeichnungen" haben sich drei Folgen von Vorarbeiten erhalten.[5] Sie lassen sich deutlich unterscheiden und die Einordnung der zweiten sowie der dritten Folge in den Gesamtplan läßt sich unschwer bestimmen. Dafür gibt es bislang keinen sicheren Hinweis für einen zeitlich genauen Ansatz der ersten Serie von Zeichnungen. Allerdings vermittelt sie bereits, welche Vorstellungen sich Slevogt aus dem Umgang mit seiner Aufgabe machte. Es handelt sich hier jeweils um Ausschnitte aus einem Exemplar der gedruckten Partitur, die auf größere Bögen geklebt sind, und die von den Zeichnungen begleitet werden. Diese bleiben immer außerhalb der Begrenzung des je-

---

1 Otto Weigmann, Moritz von Schwind. Klassiker der Kunst. – Stuttgart, Leipzig 1906.
2 Benvenuto Cellini in der Übersetzung von Goethe. Mit 303 Originallithographien von Max Slevogt. – Berlin: Verlag Bruno Cassirer 1914. – Sievers/Waldmann, a.a.O., Nr. 496–815.
3 Berthold Roland [Herausgeber], Max Slevogt, Aegyptenreise 1914. Ausstellungskatalog. – Mainz, Edenkoben: Villa Ludwigshöhe 1989.
4 Imiela, Slevogt (1968), a.a.O., S. 195–199.
5 Imiela/Roland, a.a.O., S. 102–137. – Dieckmann, a.a.O., ebenfalls mit Reproduktionen der Zeichnungen im Kupferstichkabinett Berlin. – Die dritte Folge blieb bislang mit Ausnahme weniger Beispiele lediglich katalogisiert. – Hans-Jürgen Imiela, Max Slevogt. Sammlung Franz Josef Kohl-Weigand, I. Teil Gemälde, Aquarelle, Zeichnungen. – St. Ingbert 1957, 151 Z–194 Z.

weiligen Noten-Text-Spiegels und illustrieren das inhaltliche Geschehen, wobei durch die unterschiedliche Einfügung der Notenzeilen Darstellungsflächen freibleiben, die oberhalb, unterhalb oder gelegentlich seitlich Möglichkeiten für zeichnerische Niederschriften reservieren. Die Auswahl der Motive stand anscheinend bald fest. Sie haben sich im weiteren Verlauf der Arbeit kaum noch verändert.

Es läßt sich nur sagen, daß die erste Entwurfsserie vor der zweiten Hälfte des Jahres 1916 entstand, denn damals begann Paul Cassirer mit einer neuen Initiative. Er suchte nach längerem Distanzhalten abermals die Verbindung mit Leo Kestenberg (1882–1962), um ihn als Herausgeber für eine Publikationsreihe zu gewinnen. Sie erschien vom April 1916 bis zum Dezember 1916 und enthielt Originallithographien, die eigens hierfür von Künstlern geschaffen wurden, von denen nicht zufällig einige durch ihre Beiträge für die Pan-Presse mit Paul Cassirer in Verbindung standen. Leo Kestenberg hat in seinen Lebenserinnerungen dazu aufschlußreiche Einzelheiten überliefert: „Im Winter 1916 saß ich eines Sonntagnachmittags allein in unserer Wohnung, als das Telefon läutete und Paul Cassirer mich dringend einlud, möglichst sofort zu ihm zu kommen. Er wollte mit mir und einigen anwesenden Freunden – er nannte August Gaul [1869–1921], Max Liebermann, Max Slevogt und Ernst Barlach [1870 bis 1938] – einen wichtigen Plan besprechen. Ich sagte zu und machte mich sofort auf den Weg, neugierig auf das Kommende. Ich hatte schon lange nichts von Paul Cassirer gehört. Der Krieg hatte uns entfremdet, denn in den ersten beiden Kriegsjahren gehörte er, wie so viele andere, zu den Kriegsbegeisterten. Er gab auch eine kriegsbejahende Zeitschrift – ‚Die Kriegszeit' – heraus, an der viele bekannte Künstler mitarbeiteten. Inzwischen hatte er sich und mit ihm manche seiner Freunde, zu einem Kriegsgegner entwickelt, und er wollte nun, im Gegensatz zur ‚Kriegszeit' eine neue Zeitschrift gründen. An diesem Nachmittag entwickelte er in der ihm eigenen und temperamentvollen Weise den Plan, eine Kunstzeitschrift zu gründen, welche völlig in dem von mir vertretenen pazifistischen Geiste geführt werden und deren Redaktion ich übernehmen sollte. Ich war begeistert von dieser Aufgabe und übernahm sie gern, obgleich ich bislang noch niemals eine Zeitschrift geleitet hatte. Aber die Idee reizte mich. Max Slevogt, der sich mit der ihm eigenen Wärme ebenfalls für diesen Plan einsetzte und immer voll sprühender Einfälle war, erfand augenblicklich für unsere Zeitschrift den Titel ‚Der Bildermann'. Er erfand sofort das ungemein witzige Titelblatt mit einem hochpostierten Plakatträger, einem Ausschreier ihm zur Seite, dem Publikum zugewandt."[1]

„Der Bildermann" stellte bereits im 1. Jahrgang sein Erscheinen ein. Slevogt begann damals den schon in Betracht gezogenen „Zauberflöten"-Fries zu malen. Um die Mitte des Jahres, am 7. Juni 1917, schrieb Paul Cassirer an ihn. Er nahm Bezug auf eine seltsame Behandlung, die ihm widerfahren war. Man hatte ihn in Gewahrsam genommen und in ein Lazarett in Rathenow eingeliefert: „Von meinem tragikomischen Geschick werden Sie sicher schon gehört haben; ich nahm es mit gutem Humor, als man mich mit einem Schutzmann durch die Straßen von Berlin transportierte. Schade, daß die Russen diese Willkürakte so gut in ihren Romanen beschrieben haben, daß unsereinem selbst die Merkwürdigkeit vor sich selbst nicht mehr erwähnenswert erscheint" und er fragte dann: „Was macht die Zauberflöte? Blasen Sie noch darauf? Oder spitzen Sie wenigstens den Mund zum Blasen?"

Bereits am 26. Juli 1917 schrieb er abermals an Slevogt. Er kündigte an, Leo Kestenberg werde „[...] demnächst neue Vorschläge wegen der ‚Zauberflöte' machen, die hoffentlich endlich zu einem Resultat führen". Paul Cassirer war „[...] außerordentlich wild darauf, dieses Werk, das Sie mir nun schon seit so langen Jahren versprochen haben, endlich unter Dach und Fach zu haben. Ich glaube, daß da erst Ihre Radierkunst sich zu ihrer vollen Höhe entwickeln wird, weil ich ja immer

---

1 Leo Kestenberg, Bewegte Zeiten. – Wolfenbüttel, Zürich 1961, S. 35–36.

gesehen habe, wie große Aufgaben Ihren Genius beflügeln. Denken Sie nur an den Lederstrumpf!"

Leo Kestenberg war als Schüler von Ferruccio Busoni (1866–1924) musikalisch bewandert. Seine Lebenserinnerungen geben weiteren Aufschluß: „Slevogt hatte sich schon lange mit dem Gedanken getragen, die ‚Zauberflöte' in Form von Radierungen zu illustrieren. Aber diese Absicht scheiterte zunächst daran, daß der Unterschied zwischen dem verhältnismäßig plumpen Noten- und Schriftdruck und der feinen Radiernadel zu groß war, um die Verwirklichung dieses Planes erreichen zu können. Ich machte deshalb Slevogt den Vorschlag, die betreffenden Stellen, die illustriert werden sollten, aus dem Originalmanuskript der Partitur fotokopieren zu lassen. Die Originalpartitur befand sich glücklicherweise in der Berliner Staatsbibliothek und es war nicht schwer, die Erlaubnis für die Fotokopien zu erhalten. Und nun machte sich Slevogt gleich an die Arbeit, und in Jahresfrist war das herrliche Werk mit seinen achtundvierzig Radierungen abgeschlossen. Nun war zwischen der Handschrift Mozarts und der Radiernadel Slevogts eine wunderbare Einheit hergestellt. Slevogt hat mir diese Mappe mit der Widmung verehrt: ‚Herrn Leo Kestenberg, dem Quasischikaneder, der Mann der Feder, Max Slevogt', und er hat dem ein witziges Selbstbildnis beigefügt."[1]

An Slevogt schrieb Kestenberg am 24. August 1917, daß er etwa fünfzig bis sechzig Stellen aus der Originalpartitur heraussuchen möchte, „die maßgeblichen Regisseuren und mir als Wendepunkt der Handlung und Musik der Oper in Betracht kommen". Ferner gibt es einen Brief Slevogts, ohne genaue Datumsangabe, geschrieben offenbar noch 1917 in Neukastel: „Sie haben vollständig recht, auf die Lösung dieser schwierigen Frage stolz zu sein, denn sie ist nach meiner Meinung völlig geglückt, u. wird, hoffe ich, mit der Zeichnung ein[e] ausgezeichnete Harmonie ergeben können! Die Handschrift – u. gerade Mozarts – ist eben unglaublich anregend – u. ein technisches Mißverhältnis abgehalten! – Ich habe nun wirklich eine große Freude an der bevorstehenden Arbeit, – so sehr ich auch die Anstrengung der Augen durch das Kupfer scheue."[2]

Der Brief an Kestenberg beginnt, wie so charakteristisch für Slevogt, mit einer Vignette. Sie zeigt Papageno, Vogelkäfige auf dem Rücken tragend und auf der Schalmei blasend, deren Melodie zugleich ihn zum Vorwärtskommen in ausgreifender Schrittbewegung belebt. Bei einem Vergleich der Physiognomie Papagenos mit anderen Darstellungen desselben fällt bei näherem Hinsehen eine bislang nicht feststellbare Besonderheit auf. Papageno erscheint nicht jugendlich, sondern er trägt einen kurzen Bart und seine gedrungene Gestaltproportion erinnert unverkennbar an diejenige von Slevogt selbst. Das erlaubt eine Identifikation, die wiederum etwas mit schöpferischer Selbstdarstellung zu tun hat. Sich überkreuzende Querverbindungen kommen immer mehr zum Vorschein.

Die zweite Folge der Zeichnungen beweist, in wie hohem Maße aus seiner Zuneigung heraus Slevogt zu einem neuen und ungewöhnlichen künstlerischen Begreifen einer Aufgabe gelangte, die von ihm doch schon einmal durchgestanden war. Es ist sicher nicht unbedenklich, von einer unmittelbar überspringenden Inspiration zu sprechen, die von der individuell geprägten Ausdruckskraft der Handschrift Mozarts ausging, aber je mehr ein bemühter Betrachter versucht, sich in das Wechselspiel von schöpferischer Eingebung des Komponisten und bildnerischem Eingehen darauf durch einen darstellenden Künstler einzusehen, um so eindringlicher überzeugt Slevogts inneres und äußeres Dabeisein aus tief begründetem Einverständnis. Slevogt las die Noten-

---

[1] Die Briefe Paul Cassirers befinden sich im Slevogt-Archiv Neukastel. – Caspers, Paul Cassirer, s.a., S. 152. – Kestenberg, a.a.O., S. 38. – Das Autograph der „Zauberflöte" wurde während des Zweiten Weltkrieges mit anderen Beständen der Preußischen Staatsbibliothek in das Kloster Grüssau (Schlesien) ausgelagert und 1977 an die Deutsche Staatsbibliothek Berlin [Ost] zurückgegeben. Es befindet sich also wieder in der Deutschen Staatsbibliothek Preußischer Kulturbesitz.

[2] Der Brief befindet sich im Besitz der Landesbibliothek in Speyer. Die Zeichnung ist abgebildet in: Guthmann, Scherz und Laune, a.a.O., S. 95, und ferner, mit der gesamten ersten Briefseite, in: Imiela/Roland, a.a.O., S. 80.

schrift Mozarts und erfuhr, weit über sein doch längst nachgewiesene Reaktionsvermögen hinausgehend und über das, was in ihm nachklang, erneuten Ansporn, der ihn beim Suchen, Finden und Vertiefen weiterbrachte.

Um das feststellen zu können, genügen zunächst ganz einfache Beobachtungen. Erst als Slevogt die gleichen Stellen der Partitur, die ihn doch vorher schon beschäftigt hatten, wiederum in der Handschrift Mozarts vor sich sah, gelangte er sogleich zur folgerichtigen Anwendung der Randzeichnung. Während bei der ersten Folge der Zeichnungen die blockhafte Geschlossenheit der Noten- und Textzeilen noch unberührt blieb, rücken diese nunmehr in ein umgreifendes Bezugssystem. Slevogt beschädigte dabei die Zitate Mozarts nicht durch Eingriffe, aber aus ihnen heraus sprühten die Einfälle des Zeichners.

Das hatte unterschiedliche Konsequenzen. Zumeist hielt sich Slevogt an die inhaltlichen Vorgaben der ausgewählten Stellen der Partitur. Die handelnden Personen treten in Erscheinung, häufig äußerlich bewegt, bis zur heftigen Geste hin. Das Notenbild kann die Grundlinie abgeben, auf der sie agieren. Es wird bei anderen Beispielen landschaftlich oder architektonisch gerahmt. Verglichen mit den Zeichnungen der ersten Serien sind bei derjenigen der zweiten übergreifende Dunkelheiten auffällig, insbesondere, wenn die Königin der Nacht das Geschehen bestimmt.

Nur selten paraphrasiert Slevogt. Auf der Radierung Nr. 9: „Silberglöckchen, Zauberflöten sind zu eurem Schutz vonnöten" treiben ganz kleine Kindergestalten ihr übermütiges Spiel mit den Instrumenten. Die Fähigkeit zu sehr persönlicher Deutung beweist gleich das Titelblatt, für das Slevogt Paminas Erklärung der Herkunft der „Zauberflöte" wählte: „Es schnitt in einer Zauberstunde Mein Vater sie aus tiefstem Grunde der tausendjährigen Eiche aus." Bei Slevogt vollzieht im Waldesdunkel, beobachtet von Dryaden und Waldgeistern, Mozarts Vater dieses so folgenreiche Tun.

Von ganz anderem Charakter ist die Deutung in Radierung Nr. 24: „Bewahret Euch vor Weiber Tücken". Hier bedrängen auf der Notenzeile die drei Göttinen Paris. Links davon und unten finden sich in Ornamentabläufen böse historische Beispiele für die angesprochenen Gefahren: Simson und Delila, Herkules und Omphale, Judith und Holofernes, Adam und Eva sowie schließlich Joseph, der nur mühsam Potiphars Weib zu entkommen vermag.

Oben entwickelt sich aus den frei schwingenden Rahmenformen ein Ornamentgeschlinge, das sich zu einem frontalen bärtigen Männerkopf verdeutlicht, neben dem der Zeigefinger seiner erhobenen linken Hand die mahnenden Worte von Sarastros Priester aufnimmt.

Diese Ornamentmaske gibt zugleich einen aufschlußreichen Hinweis auf die Tradition, in der die Slevogtschen Randzeichnungen stehen, denn ähnliche aus Ornamenten sich verdichtende Gestaltgebilde gibt es innerhalb der Randzeichnungen, die Albrecht Dürer (1471–1528) und seine Zeitgenossen, wie Albrecht Altdorfer (um 1480 bis 1538), Hans Burgkmair (1473–1531), Hans Baldung Grien (1484/85–1545) und Lukas Cranach (1472–1553) zum Gebetbuch Kaiser Maximilians I. (1459/1493–1519) geschaffen hatten. Der in München befindlichen Hälfte des Bandes mit dem Anteil Dürers verhalf zum Bekanntwerden eine Faksimilereproduktion, die 1807/08 als eines der ersten Zeugnisse für die Leistungsfähigkeit der noch jungen Technik der Lithographie erfolgte. Der begeisterten Aufnahme, die sie fand, entsprach eine schnelle künstlerische Nachfolge. In die Traditionsreihe der Randzeichnungen gehören ferner noch die „Zeiten" von Philipp Otto Runge (1777–1810) und später dann Zyklen von Max Klinger (1857–1920).

Die mannigfaltige Bezugnahme der Randzeichnungen zu dem Notentext, das ständige Sich-Durchdringen unterscheidet die Darstellungen des radierten Zyklus nicht zuletzt von einem anderen Bestand an aquarellierten Zeichnungen, der 1921 als Geschenk Max Slevogts in den Besitz der Städtischen Kunsthalle in Mannheim gelangte. Für die Entstehungszeit gibt es hier ebenfalls keine genaueren Hinweise, aber die Tatsache, daß es sich um voneinander isolierte Einzeldarstellungen handelt, läßt die Vermutung doch eher zu, hier sei an eine Illustrationsfolge ohne Verwendung der Partiturstellen gedacht. Berthold Roland hat als Datierung 1917/18 vorgeschlagen. Die aquarellierten Zeichnungen können zeitlich nicht allzuweit von den Randzeichnungen entfernt geschaffen sein, dafür sprechen Übereinstimmungen bei einzelnen Motiven. Ebenso lassen sich Verbindungen zu dem „Zauberflöten"Fries von 1917 herstellen. Die Farbigkeit erweist sich hier als besondere Wirkungskomponente. Die Blätter sind 1920 bereits in einem Mappenwerk als 25. Druck der Marées-Gesellschaft veröffentlicht und dadurch gleichzeitig mit den Randzeichnungen bekannt geworden. Eine weitere Konsequenz wären von hier aus bildhaft abgeschlossene Einzeldarstellungen gewesen. Sie lassen sich allerdings nur sporadisch nachweisen. So gibt es zwei Aquarelle mit der in ihrem Pfauenwagen auffahrenden Königin der Nacht.[1]

Bevor weitere Besonderheiten der Randzeichnungen zur Sprache kommen, sollen kurz die nachweisbaren Fakten zur Weiterarbeit genannt werden. Seit dem Herbst 1917 hielt sich Slevogt mit seiner Familie in Neukastel auf. Durch den Krieg bedingte alltägliche Schwierigkeiten machten den Entschluß ratsam. Paul Cassirer hatte Berlin verlassen und lebte in der Schweiz. Trotzdem waren die Beziehungen nicht abgerissen, wie einige längere Briefe vom Frühjahr 1918 es bezeugen, in denen es um Mißverständnisse geht, in denen Paul Cassirer aber anderseits immer wieder vehement seine tiefe Zuneigung zum künstlerischen Tun Slevogts zum Ausdruck bringt. Im März 1918 für wenige Tage in Berlin, bekam Cassirer einen Probedruck vorgelegt, den er trotz der Bedenken anderer für eine ideale Lösung hielt. Es handelte sich zweifellos um eine der „Zauberflöten"-Radierungen, denn er äußerte sich um das Verhältnis des Notendrucks zu den Zeichnungen.

Die Radierung hatte in Neukastel gedruckt werden können, weil es dort inzwischen eine arbeitsfähige Presse gab.

Wieder in der Schweiz, schrieb Paul Cassirer am 24. Juli 1918 aus Spiez und äußerte sich über verschiedene Planungen. Einmal ging es um Vorbereitungen der Ausstellung aus Anlaß des fünfzigsten Geburtstages von Slevogt, von der Freien Secession und Paul Cassirer veranstaltet, die dann im November und Dezember 1918 in Berlin stattfand. Slevogt hat sie nie zu Gesicht bekommen. Ferner erwähnt Cassirer die Publikation eines Bandes mit Zeichnungen, um den sich Leo Kestenberg bemühte: „Improvisation (den ich lieber Scherz und Laune nennen würde)". Unter letztgenanntem Titel erschien er mit dem Text von Johannes Guthmann. Schließlich gehört noch die Mappenausgabe mit Reproduktionen der Wandbilder Slevogts in Neu-Cladow hinzu, die 1921 vorlag.[2] Resignierend und zugleich hoffend meinte Paul Cassirer schließlich: „Die Zauberflöte ist wohl, wie Fontane [1819–1898] sagt, ein weiter Weg, und wir werden wohl auf die Freude, sie zu sehen, noch eine Zeit warten müssen, obgleich bei Ihnen man ja nie wissen kann, was geschieht, denn ohne, dass Sie etwas merken, oder gar ein Fremder, sprudelt bei Ihnen plötzlich die Quelle der Produktion so überstark, dass in wenigen Wochen etwas geschaffen wird, was zu anderen Zeiten Monate dauern würde."

Tatsächlich erwies sich die vorsichtige Zurückhaltung Paul Cassirers als unbegründet, obwohl Slevogt bei Kriegsende in unruhige Verhältnisse geriet. Er saß in der französisch besetzten Pfalz fest, durfte nicht außerhalb in der Umgebung seines Anwesens malen und konnte nicht nach Berlin zurückkehren. Erst im September 1919 erhielt er eine Ausreisegenehmigung, von der er aber zunächst keinen Gebrauch machte.

Das Isoliertsein kam der Weiterarbeit an den Randzeichnungen zugute. Zusätzlich zu den bei-

---

1 Max Slevogt, Aquarelle zu Mozarts Zauberflöte. Einführung von Fritz Wichert. – München: Verlag der Marées-Gesellschaft, R. Piper & Co. 1920. – Arthur Rümann, Verzeichnis der Graphik von Max Slevogt in Büchern und Mappenwerken. – Hamburg 1936 (Hamburger Beiträge zur Buchkunde II. 66). – Imiela/Roland, a.a.O., S. 94–101. – Walter Stephan Laux, Salon und Secession. Die Zeichnungen und Aquarelle des 19. Jahrhunderts in der Kunsthalle Mannheim. Band 6. – Mannheim 1989, Nr. 154–164.
2 Slevogt-Archiv Neukastel. – Caspers, a.a.O., S. 153.

den schon vorliegenden Serien von Zeichnungen entstand eine dritte.[1] Diese hat eine aus dem technischen Vorgang der Weiterarbeit leicht erklärbare Eigenschaft. Zu jeder Darstellung gehören zwei übereinandergelegte Blätter. Das untere Blatt enthält den Abdruck der jeweiligen Partiturstelle. Darüber liegt ein dünnes, durchsichtiges Papier mit der Randzeichnung. Die Notenschrift scheint durch. Slevogt konnte seinen Entwurf dem gewünschten Gesamtgefüge einpassen. Bei einigen Blättern läßt sich zudem feststellen, daß Konturen nachträglich durchgeritzt sind. Slevogt hat auf diese Weise seine Kompositionen auf die Isolierschicht der Kupferplatte übertragen und dann daran weitergearbeitet. Ferner hat er in diesem letzten Stadium auf dem Weg zur Vollendung noch Studien, insbesondere Bewegungsstudien nach Modellen gemacht. Sie sind zweifellos in Neukastel entstanden, denn die Tochter erinnerte sich daran, wie ihr Vater sie, den Bruder und Spielgefährten zeichnete.

Es gibt einige Radierungen, die ihre endgültige Fassung erst im Zusammenhang der Arbeit an den Kupferplatten erhielten. In besonders auffälliger Weise betrifft das Nr. 7: „Zum Leiden bin ich auserkoren" und Nr. 8: „Du, Du, Du wirst sie zu befreyen gehen", wo die leidenschaftliche Geste der Königin der Nacht sich geradezu entlädt, rachetrunken und zügellos im Schmerz, befehlend oder im Zorn und dabei umgeben vom verwirrenden Glanz der Sterne.

Der Erscheinungsbereich Sarastros und seiner Priesterschaft ist durch Architekturen gekennzeichnet, die einen Anflug von Feierlichkeit bringen. Auf Radierung Nr. 18: „Es lebe Sarastro, Sarastro soll leben" wird die Partiturstelle Teil einer turmartigen Tribüne, auf der Tubabläser stehen. Auf Radierung Nr. 23: „O Isis und Osiris" sind die Notenzeilen zwischen Säulenarchitekturen auf geschwungen verlaufendem Grundriß aufgehängt. Darunter nähern sich aus der Tiefe betend Sarastro und sein Gefolge. Die auf der ersten Fassung noch nebeneinandersitzenden Götterstatuen sind auseinandergezogen und an die Seiten gerückt. Der Betrachter sieht diese von schräg hinten und sich unmittelbar dem Zeremoniell gegenüber. Bei Radierung Nr. 41: „Triumph, Triumph, du edles Paar" steigen Tamino und Pamina aus der Tiefe gewölbter Räume herauf. Gleich darüber findet sich der Notentext, abermals als Bestandteil einer Hoheitsarchitektur, in deren Obergeschoß Sarastro steht, über dem hier als Velum der siebenfache Sonnenkreis sich ausbreitet.

Gelegentlich zeigt sich unübersehbar, daß Mozarts Handschrift Slevogt als lebendiger Organismus ansprach. Er reagierte auf die Stellung der Noten. Seine Zeichnung nahm Teile ihres Schriftbildes auf, verdichtete sich daraus zum Gestalthaften, wie bei der Radierung Nr. 3: „Zu Hilfe! zu Hilfe! sonst bin ich verloren!", sichtbar am Verlauf des Schlangenkörpers. Bei Radierung Nr. 5: „Der Vogelfänger bin ich ja", steigt von Papageno aus links, wo sich nahe am Rand die Takte verdichten, eine geschwungene Ornamentlinie auf, besetzt mit Papageien. Bei Radierung Nr. 42: „Halt ein! Halt ein! O Papageno und sey klug!" knüpfte Slevogt die Schlinge des Strickes an einen durch die Zeilen senkrecht gezogenen Taktstrich.

Eine anders beschaffene Qualität spricht sich in Identifizierungen aus. Eine davon betrifft wieder Slevogts Papageno-Verständnis. Auf Radierung Nr. 34: „Ein Mädchen oder Weibchen wünscht Papageno sich" trägt der die Silberglöckchen spielende Papageno die Bildniszüge Mozarts. Als Tamino zum erstenmal auf der Zauberflöte spielt, Radierung Nr. 14: „Wie stark ist nicht dein Zauberton", sitzt er in einer Felsenschlucht und um ihn herum sammeln sich lauschend wilde Tiere. Die besänftigende Kraft der Melodie erinnert an Orpheus.

Die größte Wandlung des Verständnisses machte wohl Sarastro bei Slevogt durch. Das geht bis in das physiognomische Erscheinungsbild. Bei der ersten zeichnerischen Fassung für die Radierung Nr. 30: „In diesen heil'gen Hallen" kommt

---

[1] Zu dieser Serie von Zeichnungen gehören Beispiele in der Albertina Wien und im Slevogt-Archiv Neukastel. Abbildung in: Imiela/Roland, a.a.O.

Sarastro und erwehrt sich seltsam aggressiven Unholden in Menschen und Tiergestalt. Bei der Zeichnung um den faksimilierten Notentext dringen Bewaffnete mit Lanzen und Schwertern auf ihn ein. Mit weit ausgebreiteten Armen gibt er ein Zeichen des Friedens und seine Gestalt hat Kreuzesform angenommen; damit verbindet sich eine Spur christlicher Sinngebung, die in übertragenem Sinn in der endgültigen Fassung der Radierung wiederkehrt. Der fast entblößte Tamino sinkt vor Sarastro in die Knie, der wie der Vater seinen verlorenen und zu ihm zurückkehrenden Sohn aufnimmt.

Zum Verständnis solchen Sinngehaltes darf nochmals auf die persönliche Situation Slevogts in der Entstehungszeit der Radierungen erinnert werden. Der Erste Weltkrieg ging zu Ende und Slevogt wurde damals ganz zweifellos bewußt, daß damit zugleich Voraussetzungen erloschen, die er selbst als Lebensqualitäten begriff. Er hatte sich längst dazu bekannt, aufgewachsen, dann zu einem Leistungsvermögen erzogen um zu einem Schaffensverständnis gelangt zu sein, das engstens mit Vorbedingungen zusammenhing, die seine Zeit ihm boten. Er hat selbst geäußert, daß er Manet so liebte, weil dieser ihm zeigte, wie schön diese Welt – „unsere Welt" – sei. Die Enttäuschungen, die durch den Krieg und mit seinem Ende auf ihn zukamen, erschütterten ihn und veranlaßten ihn sogleich zu tiefgreifend sich verändernden Fragestellungen.

Er selbst war in ein anderes Stadium seiner Existenz gelangt. Auf das Ende des Krieges nimmt an eher versteckter Stelle ein Hinweis Bezug. Auf Radierung Nr. 17: „O wär ich eine Maus, wie wollt ich mich verstecken" wünscht sich Papageno, ein Schneckenhaus möge ihn aufnehmen. Im Rankengebilde darüber steht das Datum des „5. Okt. 18", des Tages, an dem den Siegermächten der Waffenstillstand angeboten wurde. Auf eine andere, geistige, Dimension verweist die Radierung Nr. 22: „Einzug der Priester. Marsch". Die Ersten des entgegenkommenden Zuges, die geradezuvor seitlich eines leeren Thrones gingen, haben Bildniszüge von Freunden und hilfreichen Wegweisern Slevogts in seiner Zeit. Sie sind verstorben und damit tritt im Schaffenszusammenhang Slevogts das Erinnerungsporträt in Erscheinung.

Die Priester hinter Sarastro auf Radierung Nr. 30: „In diesen heil'gen Hallen" halten über ihren Häuptern Tafeln, mit denen sie Weisheit, Vernunft und Natur als Kräfte des Überdauerns verkünden. Slevogt hat das als Botschaft in den Wirren des Kriegsendes begriffen. Im Spätjahr 1919 stellte Paul Cassirer die Folge der Randzeichnungen aus.

Abschiednehmenmüssen stand schließlich hinter der 1921 endlich zustandegekommenen Buchausgabe der Illustrationen zu Lorenzo Da Pontes Libretto des „Don Juan". Hier gibt die Widmung Aufschluß: „Den Manen Francisco d'Andrades, dem ferne weilenden Freunde, dem genialen Gestalter des Don Juan zugedacht in den Jahren des Krieges Max Slevogt."

Francisco d'Andrade hatte spätestens 1916 Deutschland verlassen müssen. In dem Jahre trat Portugal an der Seite Großbritanniens in den Krieg ein. Während seiner Abwesenheit reifte der Plan zu den Illustrationen. Anscheinend 1919 kehrte d'Andrade zurück und bezog eine Wohnung in der Fasanenstraße in Berlin. Überraschend starb er dort am 8. Februar 1921.

Bislang sind verhältnismäßig wenige Vorzeichnungen zu den Illustrationen bekannt geworden. Immer handelt es sich um Varianten, die vor der endgültigen Fassung entstanden. Das hängt möglicherweise mit der Wahl des Druckverfahrens zusammen, der Xylographie. Slevogt zeichnete direkt auf die Stöcke aus Buchsbaumholz. Die technische Ausführung erfolgte durch Reinhold Hoberg (1859–?). Doch dieser hat neun der Originalzeichnungen vor der Umsetzung und der damit zwangsläufigen Vernichtung der von Slevogt geschaffenen Originale bewahrt, indem er dessen Vorlagen auf eine andere Druckform übertrug und diese dann bearbeitete. Das betrifft nur ganzseitige Illustrationen, nicht die wenigen eher vignettenhaften, die im Textverlauf untergebracht sind.

Johannes Guthmann hat über Slevogts Reaktion auf den Tod Francisco d'Andrades geschrieben: „Slevogt war hingegangen, um den toten Freund noch einmal zu malen, aber die Erschütterung hat ihn übermannt; er sah ihn tot und doch im Geiste immer noch als Don Giovanni vor sich. Phantasie und Wirklichkeit rangen um die Herrschaft seines Pinsels. Ein Grauen wandelte ihn an. Er ging und überließ den einstmals geist- und kunstreichen Körper den Händen der Witwe und seiner eigenen Frau zu letzter Totenpflege."[1] Johannes Sievers hatte, vermittelt durch Max Slevogt, am 12. Februar 1921 in der St. Hedwigs-Kirche in Berlin an der Seelenmesse und dem anschließenden (vorläufigen) Begräbnis in der Krypta teilgenommen: „Im Gegensatz zu der sonst bei Seelenmessen üblichen Aufstellung eines leeren Katafalkes in katholischen Kirchen, fand also hier eine echte Aufbahrung und Aussegnung des Toten statt. Zum Abschluß erklang aus der Höhe die Stimme eines herrlichen Baritons, der das ‚Confutatis maledictis' aus dem Requiem von Verdi [1813–1901] sang. Obwohl mir das Werk durch Konzertaufführungen gut bekannt war, glaubte ich, nie zuvor davon so ergriffen worden zu sein. Der Sänger war der Holländer Cornelis Bronsgeest [1878–1957], Mitglied der Staatlichen Oper. Als der letzte Ton verklungen war, geleiteten wir den Sarg in die Gruft von St. Hedwig, in der er bis zur Überführung in die portugiesische Heimat des Künstlers verbleiben sollte."

Ferner bestätigte Johannes Sievers die Empfindung Slevogts: „In tiefer Ergriffenheit erzählte Slevogt, wie er geholfen hätte, den toten Freund in den Sarg zu legen: sein Körper wäre so leicht wie eine Feder gewesen, also auch im Tode von jener erstaunlichen Schwerelosigkeit, die man im Spiel des Sängers immer wieder bewunderte."[2] Das Datum des 12. Februar 1921 trägt ebenfalls ein Zeugnis, das Slevogt an diesem Tage malte, um seiner Erschütterung Ausdruck zu geben und um damit fertigzuwerden. Das Bild zeigt die Aufbahrung Don Giovannis (Slevogt selbst nannte es „Don Juans Beisetzung"). Schwarzgekleidete Frauen tragen den wie schwebenden, leblos steifen Leib des Freundes. Die Farbigkeit bestimmen Dunkeltöne. In dem Raum, in dem sich das Geschehen vollzieht, wird weiter entfernt hinter einer Balustrade der Altar mit einem zelebrierenden Priester erkennbar. Vorne links steht der offene Sarg, an dem Kerzen brennen, und dessen Höhlung, als einzig helleuchtende Partie, bereit ist, den Verstorbenen aufzunehmen. Unverkennbar trägt das Antlitz des Toten die Züge Francisco d'Andrades.

Abermals hatte sich inzwischen eine unerwartete Art von Neubeschäftigung ergeben. Am 12. Juni 1919 schrieb Slevogt von Neukastel aus an Johannes Guthmann in Neu-Cladow: „Es zieht sich aber alles in die Länge, u. so versuche ich mich zur Zeit wieder a la fresco, wozu mir die Ihnen wohlbekannte Klavierwand des Eßzimmers herhalten muß."[3] Slevogt bezog sich dabei auf ein dreiteiliges Wandbild, das in der Mitte Orpheus vor Hades und Persephone zeigte, stellvertretend für die bezaubernde und bezwingende Kraft der Musik, dazu links Papageno sowie rechts Siegfried, der mit Brunhilde ringt. Erstmals hatte Slevogt sich hier zu einer Gegenüberstellung entschlossen, die er dann bei der Ausmalung seines Musiksaales wieder aufnahm und intensivierte: der Musik Mozarts und Wagners (1813–1883).

Die Bühnenentwürfe zu Mozarts „Don Giovanni" für die Dresdner Staatsoper

Doch bevor dieses Ergebnis 1924 zustandekam, hatten sich abermals Zusammenhänge ergeben, von denen Impulse ausgingen, die die innere Bereitschaft wie den Reifeprozeß in Wechselwirkung voranbrachten. Die Folge von fruchtbaren Inanspruchnahmen begann gegen Ende des Jahres 1923, als die Staatsoper in Dresden Slevogt bat, Bühnenbilder für ihre „Don Giovanni"-Inszenie-

---

1 Guthmann, Schöne Welt, a.a.O., S. 68. – ders., Goldene Frucht, a.a.O., S. 267.
2 Johannes Sievers, Aus meinem Leben. – Berlin 1966 (als Manuskript vervielfältigt), S. 305.
3 Slevogt/Guthmann, Briefe, a.a.O., S. 27.

rung zu entwerfen. Erste Ideenskizzen entstanden damals und Oberregisseur Alois Mora (1872 bis 1947) sowie Fritz Busch (1890–1951), der die musikalische Leitung hatte, blieben mit Slevogt in Kontakt. Der Vertrag trägt das Datum des 15. Februar 1924. Auf Grundlage von aquarellierten Entwürfen machten sich die Werkstätten an der Arbeit, die Karl Dannemann (1896–1945), ein Schüler Slevogts, verfolgte, bis dieser selbst zum Abschluß der Tätigkeiten an den Bühnenbildern nach Dresden kam. Am Donnerstag, dem 17. April 1924, war Premiere.

Noch im selben Jahr sind diese Bühnenbilder mit Darstellungen des szenischen Zusammenhangs als Lithographien bei Bruno Cassirer in Berlin erschienen, und zudem schrieb Slevogt einen Beitrag darüber für „Melos" (s. S. 51–53).[1] Darin geht es ihm um die Frage des Anteils, den er als Maler bei der Inszenierung zu leisten hatte. Die Aufgabe war ihm insofern nicht ganz unbekannt, als er bald nach der Jahrhundertwende in Berlin für Max Reinhardt (1873–1943) und Otto Brahm (1856–1912) Bühnenbilder entworfen hatte. In Dresden komplizierte sich der Auftrag und zog ihn zugleich in ein viel tiefer begründetes Verhältnis. Das dringt in den Formulierungen ständig durch.

Anfangs räumt er gleich offen ein, daß ihm alles Fachmännische fremd geblieben sei, und daß er alle, die Materie betreffende Literatur übersprungen habe, weil „eine gewisse Unbefangenheit dem allen gegenüber am ehesten zu der Auffassung führt, die unserer Zeit entspricht". Er möchte sich zunächst einmal mit dem Teil ausschließlich beschäftigen, der „für das Auge bestimmt ist", das heißt mit Dekorationen, Kostümen und Beleuchtung. Die „Arbeit des Dekorateurs" ist für ihn eben nicht die äußerlichste. Im allgemeinen mag genügen, daß „in einem relativ geschmackvollen Rahmen ausgezeichnete Sänger und ein ausgezeichnetes Orchester die eigentlichen Träger der Wirkung sind"; aber für ihn ist „Mozarts eigenartige Schöpfung [...] so weit von jedem Opern und Theaterschema entfernt, daß [...] dem Dekorativen die Aufgabe einer eigenen Selbständigkeit eingeräumt werden muß. So schien es mir gestattet, auf diesem Gebiet hier nicht in der üblichen dienenden Stellung aufzutreten, [...] sondern von dem Recht Gebrauch zu machen, das auch Kapellmeister, Sänger und Regisseur in Anspruch nehmen, nämlich persönlich zu gestalten, selbstverständlich von der Musik Mozarts und seiner dramatischen Idee ausgehend." Darum dürfen die Bühnenskizzen eben nicht einer Theaterfirma zur Ausführung übertragen werden, sondern „die Dekoration sollte gleichsam etwas von der Handschrift des Künstlers tragen, [...] die ganze Inszenierung sollte auf Erfindung gestellt sein".

Erhellend für sein Verständnis geht Slevogt auf einige seiner Bühnenbilder ein: „Der erste Auftritt der Oper versetzt uns schon in den dramatischen Höhepunkt der Schuld des Helden. Trotzdem bleibt er nur ein Vorspiel, und die Dekoration muß den Charakter des Unbestimmten, Stürmischen, kennzeichnen. Ein Gitter gegen den düsteren Nachthimmel, das den Begriff des Eindringens unterstreicht, und die Treppe zu Donna Anna's Zimmer dünkten mir genügend."

Die „nächsten Auftritte geben die Einführung in das ganze Milieu und gleichzeitig den Schauplatz, auf dem sich die letzten Stunden des Helden abspielen sollen. Hier genügt das Gasthaus, an dem sich alle Wege kreuzen, und als Gegenüberstellung das Haus des Helden mit dem Park, von dem aus er wie ein Raubritter von seiner Burg herab alles übersieht und stets gegenwärtig sein kann."

Die Steigerung endet zunächst im Finale des ersten Aktes, das nicht nur die Dekoration eines Festsaales sein sollte, „sondern eine bildliche Verkörperung der ungeheuren Lebensfreude des Don Giovanni geben". Leporello hat die Masken zum Feste geladen. Ein Zwischenvorhang schließt sich und, seitlich von Kandelabern gerahmt, singen die Gäste ihr Terzett. Dann öffnen Pagen den Vorhang zum Foyer des Festsaales, schließlich ist der Blick in diesen selbst freigegeben. Zwei geschwungene Treppenläufe führen auf die Empore mit den Mu-

---

[1] Mozart. Don Giovanni. Bühnenbildentwürfe für die Dresdner Staatsoper von Slevogt. – Berlin: Bruno Cassirer 1924. – Rümann, a.a.O., Nr. 65. – Max Slevogt, Meine Inszenierung des Don Giovanni, in: Melos 4, Berlin, 1. Oktober 1924, Heft 3, S. 173–176.

sikern, auf deren Brüstung sich ein Relief befindet, das den Hausherrn allegorisiert: Leda mit dem Schwan. Unter diesem Bild des göttlichen Verführers treibt Don Giovanni sein Spiel.

In seiner Auffassung der Architektur hat sich Slevogt bewußt von der Überlieferung gelöst: „Das Stück, das an sich durchaus nicht historisch ist, soll wohl in der Zeit der Renaissance spielen. Für die Darstellung scheint mir aber der Renaissance-Stil zu streng gebunden, und ich habe daher einem überquellenden Barock den Vorzug gegeben, aber einem Barock, den ich erfand, um das Ganze möglichst zeitlos zu halten."

Wichtiger jedoch als jeder äußere Aufwand beim Bühnenbild ist Slevogt „die Wirkung der Ausnützung des Lichtes als eine der Wirkung des Orchesters am nächsten kommende". Man soll sich entscheiden, „den großen musikalischen Linien auch in der Beleuchtung nachzugehen, [...] so ließe sich eine Dekoration mit den einfachsten Mitteln denken". Slevogt selbst erklärte diese Möglichkeiten an einem Beispiel, dessen Lösung ihm noch problematisch war: „Das oft versuchte Problem des Schlusses mit dem Septett bemühte ich mich durch das Medium des Lichtes zu lösen, das in den selben Raum, in dem sich das Gastmahl des Don Giovanni, die furchtbare Szene mit dem steinernen Gast und der Abschluß der überlebenden Alltäglichkeit abspielen, jedesmal eine ganz andere Stimmung brachte durch die sich von selbst gebende Wandlung eines von Kerzen intim beleuchteten Zimmers in einen verdunkelten und schließlich in einen vom Tageslicht überströmten Raum. Die naiv vorgeschriebenen höllischen Mächte, vor denen der Komthur den Don Giovanni retten will, suchte ich zu verdeutlichen durch das einfache Mittel eines Transparents, das nach dem Verschwinden des Komthurs die Wände des Gemachs durchsichtig erscheinen und in unbestimmtem Licht eine Teufelsfratze und Teufelskrallen ahnen läßt. Wenn dieser Versuch nicht ganz gelang, so scheint mir die angedeutete Idee doch die richtige zu sein. In einem Stück, in dem wir eine Statue singen hören, ist auch der Teufel am Platze."

Slevogt schließt seinen Beitrag mit dem Versuch einer Charakterisierung seines Verständnisses. Für ihn gilt nicht mehr der Held, „der nur exzelliert durch seine zahllosen erfolgreichen Liebesabenteuer", der Don Juan der großen Oper „erscheint uns heute verblaßt, zumal wir – gerade im Sinne des drama giocoso – nur Zeugen seiner dauernden Mißerfolge sind. Ich möchte vielmehr das Element hervorheben, das Mozart selbst als ‚giocoso' bezeichnet hat. Die ungeheure Luftigkeit und Elastizität des Helden, der jede Situation, ob gut oder schlecht für ihn, stets nur zu seiner Unterhaltung und zu seinem Vergnügen dreht, der im Bewußtsein dieser ungeheuren Lebenskraft vor keiner Sitte, vor keinem Gesetz Halt macht, und für den seine Nebenmenschen nur dazu auf der Welt sind, daß er sein Spiel und seinen Spaß mit ihnen treibt – sie bilden den Boden, auf dem sich alles abspielt! Don Giovanni hat eigentlich gar keinen Gegenpart unter seinen Mitspielern; er meistert sie alle, und er rührt in allen diesen mehr passiven Naturen erst jene Gefühle auf, deren Zeugen wir sind, und die wir in den Arien u.s.w. genießen. Er ist der Herrenmensch, der alle quält, mit allen spielt, und doch durch seinen bezwingenden, überschäumenden Übermut alle an sich fesselt, und zwar Frauen wie Männer! [...] In Don Giovanni ist die Kraft, die das Leben lebenswert macht. Vor nichts und vor niemand aber macht er Halt; jede sittliche Idee verachtet er, bis sich diese für die Zuschauer durch seine Vernichtung doch durchsetzt. Nur von einer solchen Betrachtung aus kann ich mir eine einheitliche Wirkung des Ganzen denken. Der vielumstrittene Schluß ist eine absolute Notwendigkeit; denn in dem Moment, da der Herr nicht mehr da ist, gehen die andern ihrem durch ihn – und nur durch ihn – gestörten und unterbrochenen Alltagsleben wieder nach."

Der Musiksaal von Neukastel

Der Weg in Richtung der Wandbilder im Musiksaal von Neukastel verlief indes schon parallel über noch andere Voraussetzungen. Am 28. Januar 1924 schrieb Slevogt an Johannes Guthmann:

„Die Ausgrabung in Cladow ist ins Museum verpflanzt! was man – nemlich [sic!] ich – in lebender Verkalkung mitansieht! wobei man noch die Schäden ausbessern soll u. sollte!"[1] Dazu zeichnete er sich selbst, wie er als Torso gefunden und ausgegraben wird. Slevogts Interesse erhielt dann weiteren Auftrieb, weil sein Arzt, Dr. Janos Plesch, ihn im Mai bat, einen Gartenpavillon und die Loggia seines Hauses in der Budapester Straße auszumalen. Am 8. Juli 1924 sollten diese Arbeiten vollendet sein.

Unmittelbar darauf fuhr Slevogt zu einem Kuraufenthalt nach Bad Kissingen. Hier hörte er, daß erstmals nach dem Weltkrieg in Bayreuth die Richard-Wagner-Festspiele wieder aufgenommen wurden und er erhielt noch Karten für die Aufführungen von „Siegfried", „Götterdämmerung", „Die Meistersinger von Nürnberg" und „Parsifal". Am 29. Juli schrieb er an Bruno Cassirer über seine Reisepläne: „Auch Würzburg: Tiepolo [1696–1770]! möchte ich eigentlich einmal mit Verstand sehen, nachdem mich ein etwas spätes Schicksal unter die Dekorateure in diesem Jahre verschlagen hat. Zu meiner Pennalzeit habe ich den Tiepolo überhaupt nicht gesehen, u. später nur auf einer kurzen Durchreise an einem so heißen Tag, daß man kaum die Augen drehen mochte – außerdem war an diesem glücklichen Tage ausgerechnet noch eine Art Schützenfest, so daß wir uns schleunigst wieder auf die Bahn retteten." Am 22. August zeichnete er in Veitshöchheim einen Gartenpavillon.[2] Am 31. Oktober kam er in einem Brief aus Neukastel an Johannes Guthmann auf die Erlebnisse während des Sommers zurück: „In Bayreuth haben wir Sie sehr vermißt. – ich habe von neuem mein Herz für Wagner entdeckt, unbeschadet, daß man älter und krittlicher [sic!] geworden ist, u. fühle mich (denn äußerlich bleiben die Schatten ... im abgetönten Helldunkel) fabelhaft verjüngt. – Wenn Sie hierher kommen, so wird der ‚Musiksaal' von der Absicht zeugen, dem Ausdruck zu geben: ein Opernbilderbogen im Großen, Zauberflöte, Don Juan, Siegfried u. Faust sind die Figuren. Die letzte Vollendung blieb aus ... – vielleicht ist gut so, u. es ist ja keine offizielle Arbeit u. ich bin u. bleibe wohl der Maler des ‚Unfertigen'. – heil mir, daß mir immer die Vollendung vor der Nase schwebt!"[3]

Der Musiksaal befindet sich in einem Neubauflügel (gemeinsam mit Bibliothek und Wohnzimmer), den Slevogt schon vor dem Ersten Weltkrieg errichten zu lassen wünschte, dessen Ausführung dann aber nicht zustandekam. Erst allmählich konnte er im Sommer 1922 damit beginnen und im Sommer 1923 war der Bau fertiggestellt. Slevogt nannte ihn gelegentlich seinen „Malapartus nach eigenem Geschmack".[4] An den Wandbildern arbeitete er im September 1924, vielleicht bis in den Oktober hinein.[5]

Vier Aquarellentwürfe entstanden unmittelbar vor der Ausführung. Slevogt änderte dann zwar noch Einzelheiten, aber das dekorative System und die Auswahl der Szenen stand von vornherein fest.

In der Mitte der Südwand befindet sich die Tür zur Bibliothek. Die Wandflächen seitlich davon zeigen links Papageno und rechts Siegfried. Sie stehen für das Doppelthema des Raumes: Mozart und Wagner. Beide sind jugendlich und sie musizieren, aber nicht als Virtuosen, sondern aus naiver Freude am Klingen. Das „Zauberflöten"-Thema wird dann auf der linken Fensterwand zum Garten hin mit der Königin der Nacht aufgenommen. Für das Verständnis von Slevogts Auffassung der Wandmalerei in diesem Raum ist die Ecklösung aufschlußreich. Ungedeckt stehengebliebene, schmale Wandstreifen trennen die einzelnen Bildfelder, aber sie sind zugleich in eine Doppelfunktion gebracht. Von der Königin der Nacht aus kriecht Monostatos hinter dem einen Streifen weg zu Papageno hinüber, während er sich zugleich an dem anderen mit der linken Hand abstützt. Ganz ähnlich verhält es sich bei der

---

1 Slevogt/Guthmann, a.a.O., S. 27.
2 Abbildung in: Slevogt, Ausstellung-Katalog (1992), a.a.O., Nr. 356.
3 Slevogt/Guthmann, a.a.O., S. 46.
4 In einem Brief an Conrad Wrede, Hannover, vom 29. November 1922.
5 Walter Passarge, Slevogt. Wand und Deckengemälde auf Neukastel. – Heidelberg, Berlin 1961. – Imiela, Slevogt (1968), a.a.O., S. 229–237.

Ecklösung von Siegfried hinüber zu der ununterbrochen durchlaufenden Längswand gegenüber der Fensterseite. Hier übernimmt Alberich die Vermittlung zu dem ersten Bild mit den Rheintöchtern. Am Ende des Wagner-Zyklus steht Siegfrieds Tod.

Diese Komposition beherrscht nicht nur wegen ihres ausgedehnten Breitformats die Mitte des gesamten Themengefüges; mit ihr reißt Slevogt zugleich den Tiefenraum am weitesten auf. Der Speer, der den vorne an der Quelle trinkenden Siegfried trifft, schnellt geradezu blitzartig aus der Tiefe heraus. Weitgehend ist hier der ungedeckt gebliebene Putzgrund als Farbton einbezogen. Slevogts Wandbilder hängen in ihren künstlerischen Voraussetzungen vor allem mit seiner Graphik zusammen, wo dem Bildträger die gleiche Funktion zukommt.

Selbstverständlich war sich Slevogt bewußt, welches Wagnis er einging, wenn er auf derselben Wand noch mit der Auswahl seiner Folge von Darstellungen aus Mozarts „Don Giovanni" begann. In einem schmalen Streifen läßt er das neue Thema anklingen, bevor er mit der diagonal geteilten Doppelszene der Flucht der Donna Anna und dem turbulenten Tanzgeschehen im Ballsaal voll einsetzt. Hier übernimmt Masetto die Funktion des Übergangs zur letzten Wand mit der Verführung der Zerlina und der Begegnung Don Giovannis mit der Grabstatue des Komturs.

Den Schluß des Wagner-Zyklus bildet ein Querformat, am Ende des Mozart-Zyklus steht ein Hochformat, denn nur hier geht Slevogt über den insgesamt durchlaufenden oberen Begrenzungsstreifen hinweg, wo der Kopf des Komturs den abschließenden Akzent bildet. Don Giovanni trägt abermals unverkennbar die Bildniszüge Francisco d'Andrades, und wiederum bezeugt Slevogt damit dankbar seine unauslöschliche Zuneigung zu dem Interpreten, der ihn selbst künstlerisch weiterbrachte.

Am Ende beider Zyklen steht jeweils eine Todesszene. Der jugendliche Siegfried wird hinterhältig ermordet. Don Giovanni geht, indem er den Kerzenleuchter und den gezogenen Degen der Grabstatue entgegenhält, bewußt und dabei mit grandezza dem sicheren Untergang entgegen. Diesem zweifachen Todeserlebnis zugeordnet sind Papageno und Siegfried, als jugendlich naive Existenzen und zugleich mit Wirkungskräften des sich immer wieder erneuernden Schöpfertums begabt.

Vier Jahre später schien sich noch einmal für Slevogt die Gelegenheit zu ergeben, Bühnenbilder zu entwerfen. Franz Ludwig Hörth (1883–1934) bat ihn am 27. Januar 1928, für das Staatliche Opernhaus Unter den Linden in Berlin die Gesamtausstattung der „Zauberflöte" zu übernehmen. Anfang April bereits sollte Premiere sein. Am 3. März erhielt er die Mitteilung, eine Besprechung mit Generalintendant Heinz Tietjen (1881–1967) habe ergeben, daß eine Verschiebung des Premierentermins nicht möglich sei. Slevogt hatte inzwischen mit der Arbeit an den Entwürfen begonnen.[1]

---

1   Imiela/Roland, a.a.O., S. 138–143.

Franz Hermann Franken

Hans Meid (1883–1957) und seine Radierungen zu Mozarts Oper „Don Giovanni"

Max Meid zum 85. Geburtstag gewidmet

Der Künstler Hans Meid

Der am 3. Juni 1883 in Pforzheim/Baden geborene Maler und Graphiker Hans Meid gehört neben Max Liebermann (1847–1935), Lovis Corinth (1858–1925) und Max Slevogt (1868–1932) zu den herausragendsten Repräsentanten des sogenannten Deutschen Impressionismus. Wegen seiner eigenwilligen Neigung zu romantischen Themen läßt er sich aber nur mit gewissem Vorbehalt darin einordnen. Hans Meid war mehr Graphiker als Maler, er arbeitete am liebsten mit der Radiernadel, mit Kreide und dem Kohlestift. Bei der Gewichtigkeit der Farbe in den Werken des Impressionismus kommt dieser „Schwarzweißkunst" nur eine sekundäre Bedeutung zu. Das ist mit ein Grund dafür, warum Hans Meids Name weniger geläufig ist als der eines Max Liebermann, Lovis Corinth und Max Slevogt, ihm fehlt ein entsprechendes Œuvre an Ölbildern. In der Graphik ist er allerdings den drei genannten Künstlern ebenbürtig, wenn nicht, was technisches Raffinement angeht, überlegen. Meids graphisches Œuvre weist über 600 Radierungen und Lithographien auf, teils Einzelblätter, teils Zyklen und Buchillustrationen, darüberhinaus eine große Zahl von Bucheinbänden und -umschlägen. Den Höhepunkt seiner Radierkunst mit der kalten Nadel erreichte Hans Meid mit seinem „Don Juan"-Zyklus zu Mozarts Oper „Don Giovanni" im Jahr 1912. Mit den ihm eigenen Stilelementen erfaßte er deren Dramatik in einzigartiger Weise.

Nach Absolvierung der Großherzoglichen Akademie der bildenden Künste in Karlsruhe von 1900 bis 1907 ließ sich Hans Meid 1908 als freischaffender Künstler in Berlin nieder. Vorausgegangen war ein mehrmonatiges Intermezzo als „Malereivorsteher auf Probe" in der Meißner Porzellanmanufaktur, die ihm aber zu wenig künstlerische Möglichkeiten bot. 1910 erhielt Hans Meid den begehrten und mit einem halbjährigen Aufenthalt in Florenz verbundenen Villa Romana-Preis. 1911 wurde er als ordentliches Mitglied in die berühmte Berliner Secession aufgenommen. Sein Name war um diese Zeit schon so bekannt, daß er, der 1907 geheiratet hatte, mit seiner Familie ohne finanzielle Sorgen leben konnte. Eng befreundet war das Ehepaar Meid mit dem Maler Max Beckmann (1884–1950) und seiner Frau Minna Tube. Max Beckmann übernahm die Patenschaft von Hans Meids Sohn Max, und umgekehrt hatte Beckmanns Sohn Peter Hans Meid zum Paten.

Mit Kriegsbeginn 1914 wurde Hans Meid als Armierungssoldat nach Küstrin einberufen, Max Liebermann erreichte es jedoch nach wenigen Monaten, daß der ohnehin stark weitsichtige und ohne Brille unsichere Künstler als Kartograph in den stellvertretenden Generalstab nach Berlin versetzt wurde. Diese Position hatte er während des ganzen Krieges bis November 1918 inne. Sie ließ ihm genügend Zeit sein graphisches Œuvre um mehr als 100 Radierungen und Lithographien zu bereichern.

1919 erfolgte die Berufung Hans Meids zum Professor und Leiter einer Graphikklasse an die akademische Hochschule für die bildenden Künste in Berlin. Es war gleichzeitig der Beginn seiner besonders vielfältigen künstlerischen Tätigkeit. Neben seinen graphischen Einzelarbeiten und

Buchillustrationen widmete er sich dem Aquarellieren während mehrerer Italien-Aufenthalte, wobei vor allem lichte Landschafts- und Städtebilder entstanden. Gleichzeitig schuf er aber auch eine Reihe von Ölbildern mit für ihn charakteristischen romantisierenden Motiven. Mitte der dreißiger Jahre gab er jedoch die Ölmalerei auf.

1921 fertigte Hans Meid die Bühnenbilder für Max Reinhardts Inszenierung von Shakespeares „Sommernachtstraum" im Großen Schauspielhaus in Berlin. 1924 stattete er die neu eröffnete Komödie am Kurfürstendamm mit Wandmalereien aus. Sie wurden bei einem der Luftangriffe auf Berlin während des Zweiten Weltkriegs zerstört.

Gemeinsam mit Arnold Schönberg (1874 bis 1951), Paul Hindemith (1895–1963) und Leoš Janáček (1854–1928) ernannte man Hans Meid 1927 zum ordentlichen Mitglied der Preußischen Akademie der Künste in Berlin. 1934 erhielt er die Berufung als Leiter der Graphikklasse der Akademie. Er wurde damit Nachfolger von Käthe Kollwitz (1867–1945), die aus politischen und Altersgründen ausgeschieden war. Meids Berufung hatte keine politischen Hintergründe. Er selbst stand dem Nationalsozialismus von vorn herein ablehnend gegenüber und geriet auch bald in eine künstlerische Isolation, da seine romantische und träumerische Welt dem propagierten neuen deutschen Zeitgeist nicht entsprach. Andererseits war er dadurch aber politisch schwer angreifbar und deswegen nur wenigen Anfeindungen und Schikanen der Nationalsozialisten ausgesetzt.

Im August 1943 brannte Meids Villa in Berlin-Steglitz nach einem alliierten Luftangriff aus, und damit wurde ein Großteil seines Œuvre vernichtet, da er nur kleine Teile davon ausgelagert hatte. Er und seine Frau Eve fanden zunächst Zuflucht in einem Heim für ausgebombte Künstler in der Probstei von Straßengel in der Steiermark, im Dezember mußte das Ehepaar jedoch vor der herannahenden russischen Front fliehen. Es fand Unterschlupf in dem thüringischen Örtchen Wolfersdorf, bis es 1946 gelang in die amerikanische Besatzungszone überzuwechseln.

Obwohl über Monate krank und von Depressionen heimgesucht, arbeitete Hans Meid unablässig weiter, wobei er jetzt den Schwerpunkt auf Landschaftsbilder im altmeisterlichen Stil setzte. Schon kurz nach Kriegsende erinnerte man sich seiner und Karl Hofer (1878–1955) schlug ihn für eine Professur an die vereinigten Staatsschulen in Berlin vor. Meid wollte aber nicht mehr nach Berlin zurückkehren und entschied sich, nach Berufungsverhandlungen mit verschiedenen anderen Kunstakademien, einen Ruf nach Stuttgart an die Akademie der bildenden Künste anzunehmen. Zum Wintersemester 1947/48 nahm er seine Lehrtätigkeit auf. 1951, inzwischen 68 Jahre alt, wurde er emeritiert. Bis zu seinem Tod am 6. Januar 1957 wohnte er seit 1948 in einem Seitenflügel von Schloß Ludwigsburg bei Stuttgart.

Der „Don Juan"-Zyklus von 1912

Man sollte annehmen, daß Mozarts „Don Giovanni" nach dem großen Erfolg der Uraufführung 1787 in Prag Anreiz zur Illustrierung gewesen wäre. Eine solche, der Oper gerecht werdende, kam jedoch während des ganzen 19. Jahrhunderts nicht zustande. Zunächst beschränkten sich die Illustratoren auf die Gestaltung von Titelblättern bei den Erstausgaben, so 1801 Vincenz Georg Kinninger (1767–1851) oder für die englische Erstausgabe 1816 James Hopwood (1752–1851). Eine Bilderfolge von acht Radierblättern zur Oper schuf 1825 Johann Heinrich Ramberg (1763 bis 1840), wobei er je vier Szenen aus dem ersten und zweiten Akt herausgriff. Rambergs Illustrationen orientieren sich am Bühnenbild und sind ziemlich naiv gehalten. Der Dramatik und Hintergründigkeit der Oper werden sie wenig gerecht. Auch die 1870 entstandenen und nicht publizierten lavierten Federzeichnungen von Moritz von Schwind (1804–1871) loten die Vielschichtigkeit und Zwielichtigkeit der handelnden Personen wenig aus.

Die erste überragende künstlerische Auseinandersetzung mit Mozarts „Don Giovanni" erfolgte erst um die Jahrhundertwende durch Max Slevogt.

Sie entsprang aber einer ganz anderen Motivation als dies einige Jahre später bei Hans Meid der Fall war. Für Max Slevogt war das „Don Giovanni"-Thema von vorn herein mit der Persönlichkeit des portugiesischen Sängers Francisco d'Andrade (1859–1921) verknüpft, der als Inbegriff des Don Juan auf der Bühne galt. Slevogt, von ihm fasziniert, hielt ihn in dieser Rolle nicht nur in vielen Gemälden, Skizzen und Graphiken fest, sondern suchte auch seine Freundschaft, die, auf Gegenseitigkeit beruhend, bis zum Tod des Sängers dauerte. Jeder Freund der Opern Mozarts kennt Slevogts großartige Gemälde des Don Giovanni, wie den „Schwarzen d'Andrade" von 1903 oder den „Roten d'Andrade" von 1912. Weniger bekannt sind seine zahlreichen Ölstudien, Aquarelle, Zeichnungen und Radierungen von d'Andrade in der Rolle des Don Giovanni, die im Laufe von zwei Jahrzehnten entstanden. Nach dem Tod d'Andrades 1921, endete Slevogts Interesse an der Gestalt des Don Giovanni. Nur noch einmal nahm er das Thema auf, als er 1924 für das sächsische Staatstheater in Dresden die Bühnenbilder für eine „Don Giovanni"-Inszenierung entwarf, deren musikalische Leitung Fritz Busch (1890–1951) innehatte. Neun der Bühnenbildentwürfe brachte Bruno Cassirer (1872–1941) noch im gleichen Jahr als Lithographien in einer Mappe heraus. D'Andrade ist auf keinem der Bilder mehr zu erkennen.

Hans Meids Weg zu Mozarts „Don Giovanni" ist ein anderer und mit seinem halbjährigen Aufenthalt in der Villa Romana in Florenz 1911 eng verknüpft. Als junger Mann sang er gern und gut und hatte auf dem Klavier soviel Übung, daß er sich selbst dabei begleiten konnte. Mit Vorliebe sang er Opernmelodien. Wohl durch das Berliner Theaterleben beeinflußt, liebte er bis zu seinem Aufenthalt in Florenz besonders Richard Wagner (1813–1883). Unter dem Eindruck der italienischen Renaissancekunst und der römischen Barockarchitektur änderte sich das und führte zu einer Hinwendung zur Mozartschen Musik. Er selbst schrieb dazu rückblickend 1954 in dem Heft „50 Jahre Villa Romana, Berichte von Inhabern des Villa Romana-Preises": „Wir lebten wie Gott in Frankreich. Morgens zum Kaffee tranken wir schon unseren Chianti und aßen dazu rohen Schinken mit frisch gepflückten Feigen. Die Abende bis spät in die Nacht verbrachte ich meist mit [Karl] Albiker [1878–1961, Bildhauer, der mit Hans Meid zusammen als Preisträger in der Villa Romana war], der trinkend und rauchend dabei saß, wenn ich auf dem Klavier den ‚Don Juan' von mir gab. Das Klavier ersetzte das Orchester und gleichzeitig übernahm ich die männlichen sowohl wie die weiblichen Rollen. Diese Art von ‚Vorstellung' kommt zwar als musikalischer Genuß für einen größeren Zuhörerkreis nicht in Frage; man kann aber eine Oper wirklich nur aus dem Klavierauszug kennenlernen. Als junger Mensch war ich lasterhafter Wagnerianer, und ich habe sämtliche Opern erst auf dem Klavier durchgetrommelt, ehe ich sie mir im Theater anhörte. Ebenso machte ich es auch mit der Mozartschen Oper, und im nächsten Jahr entstanden dann in Berlin meine Radierungen zum ‚Don Juan'."

Die Idee, Mozarts „Don Giovanni" zu illustrieren, geht somit auf Meids Aufenthalt in Florenz zurück, verwirklicht hat er sie aber erst im folgenden Jahr nach seiner Rückkehr nach Berlin. In Florenz hatte er die neun Radierungen zu Shakespeares „Othello" geschaffen. Sie erschienen schon 1911 im Verlag Jacques Casper, Berlin, als Mappenwerk. In ihnen sind bereits die Stilelemente der Meidschen Radierkunst meisterhaft ausgeführt, im „Don Juan"-Zyklus erreichen sie aber erst ihre Vollendung.

Meid äußert sich nicht direkt darüber, ob er den „Don Giovanni" nach seiner Rückkehr nach Berlin einigemale auf der Bühne sah. Nach seinen Andeutungen scheint das aber der Fall gewesen zu sein. Da d'Andrade gerade zu jener Zeit den Don Giovanni auf Berlins Bühne verkörperte, muß er ihn erlebt und auch Slevogts Gemälde gekannt haben. In seinen 15 Blättern des „Don Juan"-Zyklus, die innerhalb weniger Monate in einem Zug entstanden, ist aber keine Beeinflussung durch Slevogt zu merken, er folgt in seiner Auseinandersetzung mit dem Thema einer ganz eigenen Konzeption.

Zur Technik der Radierungen des „Don Juan"-Zyklus

Wenn Hans Meid zur Entstehungszeit des „Don Juan"-Zyklus bereits als Meister der Radierkunst galt, verdankte er das nicht zuletzt der von ihm benutzten Technik. Er arbeitete mit der kalten Nadel, oft in Kombination mit dem Grabstichel, radierte also direkt in die Platte. Von der beliebteren Ätzradierung machte er weit weniger Gebrauch. Worin liegt der Unterschied?

Bei der Ätzradierung wird die aus Kupfer oder Zink bestehende Radierplatte mit einem sogenannten Ätzgrund, etwa Wachs, versehen, in das der Künstler sein Bild zeichnet ohne die Platte zu verletzen. Anschließend legt er die Platte in ein Säurebad, wobei die Säure nur auf die Teile der Platte einwirken kann, von denen der Ätzgrund durch die Striche des Künstlers entfernt wurde. In diese dringt die Säure ein und führt zu leichten Vertiefungen der Platte. Nach deren Einfärbung und der Entfernung des Ätzgrundes in einem Reinigungsbad kann nun der spiegelbildliche Druck erfolgen. Anders bei der Kaltnadelradierung. Unter Verzicht auf den Ätzgrund wird das Bild mit einer Stahlnadel oder einem Diamanten direkt in die Platte geritzt. Die wie ein Bleistift geführte Nadel drängt dabei das Plattenmaterial zur Seite. Der Grabstichel wird in umgekehrter Richtung geführt, er pflügt sich nach vorn durch die Platte, wobei er Ränder aufwirft. Die bei der Arbeit mit der kalten Nadel und dem Grabstichel aufgeworfenen Ränder bilden den sogenannten Grat, der bei der Qualitätsbeurteilung einer Radierung von Bedeutung ist. Am ausgeprägtesten sichtbar ist er nur bei den ersten abgezogenen Drucken.

An sich erscheint die Technik der Kaltnadelradierung, also die direkte Umsetzung des Bildes in die Platte, die natürlichere zu sein. Sie hat aber den Nachteil, daß die Strichführung in dem harten Plattenmaterial schwieriger als im weichen Ätzgrund ist und somit an den Künstler höhere Ansprüche gestellt werden, wenn er gebogene oder schwungvolle Linien ziehen will. Und hierin war Hans Meid Meister. Seine Strichführung zeigt alle Nuancierungen, von feinsten angedeuteten Linien bis zu kräftigen dynamischen Ritzungen. Möglich machte er das, weil er stets mittels einer großen auf den Radiertisch gestellten Lupe arbeitete. Seine Meisterschaft kommt besonders in der ihm ganz eigenen Hell-Dunkel Abstufungen und den Kontrastierungen von Licht und Schatten zum Ausdruck, so, als hauche er dem Schwarzweißbild Farbe ein. Diese Kontrastierungen erreicht er mit gleichmäßig angelegten parallelen Schraffuren, einem wichtigen Element seines Stils. In einigen Bildern des „Don Juan"-Zyklus kommen sie besonders eindrucksvoll zur Geltung. In nächtlichen Szenen unterstützt Meid die Schraffuren durch besonders tiefes Ritzen in die Platte mit der Kaltnadel und anschließender intensiver Einschwärzung. Dadurch entstehen reliefartige leichte schwarze Farberhöhungen auf dem Papier, die die Bilder plastisch erscheinen lassen. So ausgeprägt wie im „Don Juan"-Zyklus hat Meid diese Technik später nicht mehr angewandt.

Aufbau des „Don Juan"-Zyklus

Meids „Don Juan"-Zyklus folgt in seinem Aufbau teilweise den erwähnten Vorbildern des 19. Jahrhunderts, so der Beginn mit der Ermordung des Komturs durch Don Juan, dem Auftauchen des Komturs als steinerner Gast am Ende und dem abschließenden Höllensturz des Bösewichts. Er geht darüberhinaus aber auch ganz eigene Wege. So stellt er Leporello, das Register in der Hand, als hämischen Erzähler voran, ehe der Zyklus beginnt. Die zentrale Figur des Don Juan ist zwar in den meisten der 14 Radierungen zu sehen, seine Gesichtszüge bleiben aber undeutlich oder schwer erkennbar. Nur einmal sind sie deutlich, aber nicht etwa im Mittelpunkt, sondern bei einem Don Juan, der nur als Randfigur und ganz klein im Bild erscheint. Demgegenüber hebt Meid Donna Anna viel theatralischer und opernhafter heraus. Donna Elvira und Don Ottavio werden im Gegensatz dazu zurückhaltend dargestellt. Die Gestalt des Komturs, anfangs aus der Distanz zu sehen, ist am Ende übergroß und drohend. Auffallend ist die geringe Beachtung der Zerlina und das gänzliche Weglassen der Figur des Masettos, dem von Mozart und Da Ponte eine gewichtige Rolle zugedacht ist.

Den 15 Radierungen geht ein Verzeichnis voran, das die Titel für die einzelnen Blätter enthält. Soweit Meid darin Stellen des Opernlibrettos zitierte, benutzte er die deutsche Übersetzung von Johann Friedrich Rochlitz (1769–1842), die 1801 bei Breitkopf & Härtel erschien und später vor allem den Klavierauszügen zugrunde lag. Die heutigen Übersetzungen weichen davon ab, da sich Rochlitz große Freiheiten mit seiner Übersetzung nahm.

Die einzelnen Radierblätter (Jentsch 82–96)

Titelblatt

In seiner harmonischen Einheit von Schrift und Bild weist das Titelblatt bereits auf den für die Illustration unseres Jahrhunderts so bestimmend gewordenen Buchkünstler Hans Meid hin. Er mischt Lithographie mit Radierung, indem er sich für die in Vignettenform gehaltene Überschrift „Don Juan" der Kreidelithographie bedient und die Figur des Leporello als Kaltnadelradierung einfügt. Dieser, sein Register vor sich, kündigt durch seine Mimik an, daß den Zuhörer nicht eigentlich ein Drama erwartet, sondern ein Dramma giocoso, ein heiteres Drama, in dem auch der Spaß seinen Platz hat. Die rechte Hand hält Leporello zum Schwur erhoben. Dabei schwebte Meid wohl der Schluß der Oper vor, als Leporello beschwört, er habe den Mann aus Stein leibhaftig gesehen und miterlebt, wie er Don Juan gepackt habe, der dann von den Teufeln geholt worden sei.

Erstes Bild

(27,3 x 24,8 cm). Allegro molto: Donna Anna: „Ja, ich wage selbst mein Leben, Räuber du entgehst mir nicht" (die heute gebräuchlichere Übersetzung lautet: „Hoffe nicht solang ich atme unerkannt zu fliehn von hier")

Mit dieser hochdramatischen Szene führt uns Meid direkt in die Handlung der Oper ein. Don Juan war im Dunkel der Nacht in Donna Annas Zimmer eingedrungen, ihre Hilferufe verhallten zunächst ungehört, jetzt aber hatte ihr Vater, der Komtur, sie vernommen und eilt, durch das halb offene Palasttor sichtbar, mit gezogenem Degen die Palasttreppe hinab. Meid bringt hier zwei für ihn bezeichnende Merkmale ins Bild, seine Vorliebe für schmiedeeiserne Tore, die sich in seinem Werk in den mannigfaltigsten Variationen finden, in diesem Fall durch reliefartige Einschwärzungen noch zusätzlich hervorgehoben, und seine Liebe für nächtliche Szenen. Sein Anliegen, das Opernhafte des „Don Giovanni" bildlich darzustellen, kommt ebenfalls zum Ausdruck. Der weit geöffnete Mund der Donna Anna in Verbindung mit ihrer dramatischen Gestik lassen erkennen, daß ihre Hilferufe gesungen werden.

Zweites Bild

(15,5 x 21,0 cm): Ermordung des Comthurs

Dieses Bild gehört zu den brutalsten Radierungen, die Meid geschaffen hat. Die Darstellung von Gewalt lag ihm nicht. Bald nach Beginn des Ersten Weltkriegs 1914 distanzierte er sich von einer künstlerischen Verarbeitung von Kriegsszenen und konnte nicht verstehen, daß sein Freund Max Beckmann als Expressionist die Grausamkeiten des Krieges zum Inhalt seiner Bilder machte. Im „Don Juan"-Zyklus stellt Meid die Ermordung des Komturs mit einer für ihn einmaligen Brutalität dar. Don Juan stößt ihm seinen Degen mit solcher Wucht in die Brust, daß die Spitze aus dem Rücken hervorkommt. Der Komtur stürzt mit durch den Schmerz verrenkten Gliedern und einem Aufschrei zu Boden. Die Szene ist ganz figurativ gehalten, schwarze Schraffuren ersetzen die Umgebung, der Blick des Betrachters kann sich ganz auf die handelnden Personen richten.

Drittes Bild

(21,0 x 21,0 cm): Auffindung der Leiche

Ganz anders setzt Meid die Schwerpunkte in dieser Szene, die an gleicher Stelle spielt wie die vorangegangene. Hatte er eingangs nur einen Ausschnitt des halb geöffneten Palasttors als Kulisse gewählt, so gibt er jetzt auf Distanz das Tor und die angrenzende Mauer, sowie umgebendes Buschwerk wieder. Diese andersartige Perspektive sorgt für Abwechslung, wobei jetzt die mit Lichtern hinzueilenden Diener das Gespenstische und Unheimliche der nächtlichen Tragödie verstärken. Erneut macht Meid aber den Beschauer auch darauf aufmerksam, daß wir es mit einer Oper zu tun haben: Der Aufbau ist wie ein Bühnenbild gehalten und obwohl Donna Anna nur klein im Bild zu sehen ist, Gestik und Mundstellung verraten, daß sie ihre Klage um den ermordeten Vater singt.

Viertes Bild
(19,8 x 14,9 cm): Don Ottavios Racheschwur

Beim vierten Bild verzichtet Meid wieder auf eine detaillierte Kulisse, man erkennt im Dunkel lediglich einiges Buschwerk, obwohl Don Ottavios Racheschwur, die Untat des unerkannt entkommenen Frevlers zu rächen, am gleichen Handlungsort spielt.

Der Beschauer kann sein Augenmerk ganz auf Donna Anna und Don Ottavio richten, deren Münder übertrieben aufgerissen sind, man erlebt förmlich die Anstrengung des Singens mit. Damit ist die Irrealität der Oper an sich angedeutet. Bemerkenswert ist der hinter Wolken hervorschauende Mond rechts oben im Bild. Der Mond in den vielfältigsten Varianten taucht in den Bildern Meids immer wieder auf. Bei dieser Szene sorgt er für Licht und Schatten im nächtlichen Dunkel.

Fünftes Bild
(21,8 x 24,7 cm): Donna Elvira: „Wo werd ich ihn entdecken für den mein Herz noch glüht" (heute gebräuchlichere Übersetzung: „Ach, werd ich ihn wohl finden, der mir Liebe verhieß")

In den drei nun folgenden Radierungen wechselt Meid vom geheimnisvollen Dunkel und Halbdunkel ins helle Tageslicht über. Er hält, fast skizzenhaft, nur Augenblicke fest, gibt sich als Impressionist. Das Weiß des Papiers übernimmt die Funktion der schwarzen Schraffuren in den vorangegangenen nächtlichen Szenen. Damit ergibt sich ein scharfer Kontrast zu den vier ersten Bildern.

Die erste ins helle Licht gerückte Szene zeigt die klagende Donna Elvira. Sie hat sich auf einer von Buschwerk umgebenen Bank niedergelassen. Zwischen Liebe und Haß auf Don Juan schwankend, vermag sie sich nicht von ihrer Leidenschaft zu ihm zu befreien. Derweil belauscht Don Juan, zusammen mit Leporello, die im Stich gelassene Liebende, von der er noch nicht weiß, daß es Donna Elvira ist. Gleich wird er aus dem Gebüsch hervortreten, um sie auf seine Weise zu trösten. Donna Elvira, ihn sogleich erkennend, ist aufgebracht. Er selbst überspielt seine Überraschung geschickt und sucht die von ihm Betrogene mit allerhand Ausreden zu beschwichtigen. Es gelingt ihm nicht, und so macht er sich in einem unbewachten Augenblick aus dem Staub, überläßt Leporello das Weitere. Der macht kein langes Federlesen, sondern schockiert Donna Elvira mit dem Vortrag der Registerarie.

Sechstes Bild
(23,1 x 24,7 cm). Andante. Don Juan: „Komm auf mein Schloß zu mir!"

Die Szene ist noch lichter gehalten als die vorangegangene. Sie zeigt Don Juan, auf neue Abenteuer aus, mit dem Bauernmädchen Zerlina. Er verspricht sich ein besonders frivoles Abenteuer, indem er sie an ihrem Hochzeitstag verführen möchte. Nachdem er ihren Bräutigam, den Bauernburschen Masetto, durch Drohungen entfernt hat, eilt er, Zerlina unten den Arm gefaßt, mit ihr auf sein Schloß. Sie kann seinem Liebeswerben nicht widerstehen, durchschaut seine Schmeicheleien nicht oder will sie nicht durchschauen. Die Aussicht auf ein Stelldichein mit einem Adligen ist zu verlockend.

Meid abstrahiert diese Szene. Don Juans Schloß ist nicht zu sehen, ja es fehlt überhaupt ein Hintergrund, stattdessen umgibt das angedeutete Geflirre von Buschwerk, das nach hinten aus dem Bild schreitende Paar. Die Phantasie des Betrachters wird so hervorgelockt. Den vor Wut schäumenden Masetto, der wehrlos sein „Habs verstanden, gnäd'ger Herr" singt, übergeht Meid.

Siebtes Bild
(20,0 x 23,4 cm). Donna Elvira: „O flieh den Bösewicht!" (heute gebräuchlichere Übersetzung: „O flieh Betrogne, flieh")

In diesem lichten Bild hält Meid den Augenblick fest, in dem Donna Elvira das Stelldichein Don Juans mit Zerlina vereitelt. Zu berücksichtigen ist dabei, daß sich die Handlung der Oper innerhalb einer kleinen spanischen Ortschaft abspielt, wo jeder jedem auf Schritt und Tritt begegnen kann, wie eben auch jetzt. Don Juan steht links im Vordergrund des Bildes, aber mit dem Rücken zum Beschauer und ist damit Nebenfigur. Den Mittelpunkt bilden Donna Elvira und Zerlina, beide in weiten, wallenden, bis zur Erde reichenden Röcken. Donna Elvira singt, mit entsprechender Gestik gerade das „flieh den Bösewicht". In dieser Szene spielt Meid wieder eines seiner Lieblingsmotive aus, rokokohaft gekleidete Damen mit ausladenden, langen Röcken. Man trifft sie allenthalben in seinem Werk, wobei er soweit geht, daß sie auch in seinen in der Gegenwart spielenden Bildern immer wieder vorkommen. Er mengt Vergangenheit in traumhaft verwandelte Gegenwart. Bei diesem Bild wundert man sich vielleicht, daß das Bauernmädchen Zerlina wie eine adlige Dame gekleidet ist, dabei ist aber zu berücksichtigen, daß sie wegen ihres Hochzeitstags ein Festgewand angelegt hat.

Achtes Bild
(27,1 x 22,1 cm): Die drei Masken vor Don Juans Haus

Festgehalten ist in diesem Bild Leporellos Einladung der drei Masken zum Ball in Don Juans Haus. Eng umrissen dürfte es sich sogar um den Augenblick von Leporellos „Pst! Pst! Ihr schönen Masken doch, Pst! Pst!" handeln, der auf einem Balkon des prächtigen mit Hermenpilastern ausgestatteten Portals von Don Juans Haus steht. Aus dem Ballsaal quillt das Licht der Kerzenlüster. Die drei Masken sind links vorn mit dem Rücken zum Betrachter im Dunkeln zu sehen. Das zentrale Spannungsfeld geht aber nicht von der Figur des Leporello zu den drei Masken aus, sondern von Don Juan selbst, der zwar klein, aber mit bis ins Detail ausgearbeiteten Gesichtszügen auf dem Balkon zu sehen ist, in das Licht der Kerzenlüster getaucht, während Leporello im Halbdunkeln seine Einladung hervorbringt. Um die Identität der drei Masken und ihre Absicht Rache zu nehmen, weiß weder Don Juan noch Leporello.

Neuntes Bild
(28,1 x 30,9 cm): Tumult nach dem Menuett

Diesen Titel hat Meid dem Ende des ersten Akts der Oper gegeben. Die drei Masken haben inzwischen den Ballsaal betreten. Ungeachtet dessen verfolgt Don Juan weiter seinen Plan, Zerlina zu verführen, den Donna Elvira durch ihr Dazwischenkommen vereitelt hatte. Leporello hat derweil die Aufgabe übernommen, Masetto abzulenken. Damit Don Juan in einem Nebengemach mit Zerlina verschwinden kann, beginnt er mit dem sich sträubenden Masetto zu tanzen. Don Juan indessen glaubt sich am Ziel seiner Begierde, Zerlina jedoch wehrt sich, als er aufdringlich wird und ihre Hilferufe gellen in den Ballsaal. Damit beginnt der Tumult. Man versucht die Tür zum Nebengemach zu sprengen, da tritt schon Don Juan mit dem Degen in der Hand aus ihr heraus, Leporello hinter sich her zerrend. Er gibt vor, dieser habe versucht Zerlina Gewalt anzutun. Die Täuschung gelingt aber nicht mehr. Don Ottavio, Donna Anna und Donna Elvira nehmen ihre Masken ab und geben sich zu erkennen. Don Ottavio will Don Juan stellen, dieser benutzt jedoch die allgemeine Verwirrung, um sich mit gezücktem Degen schleunigst davonzumachen. Diesen Moment hält Meid als Höhepunkt des Zyklus fest. Mit einzigartigen Feinheiten und Raffinement gelingt es ihm, eine faszinierende Dynamik in die Szene zu bringen. Durch die gewählte Perspektive und die mächtigen strahlenden Kerzenleuchter an der Saaldecke erzielt er außerdem eine große Raumwirkung. Einige der Ballgäste suchen zwar den durch die Seitentür mit Leporello fliehenden Don Juan zurückzuhalten, der aber nutzt die Panik geschickt aus und entkommt. Als kleine Überraschung hat Meid einen in dem allgemeinen Durcheinander zu Boden geworfenen Gast mit einem Messer in der Hand eingefügt. Vom Libretto weicht er insofern ab, als er Don Ottavio nicht, wie dort angegeben, seine Pistole ziehen läßt, sondern ihn ebenso wie Don Juan mit dem Degen in der Hand darstellt. Er will auf Don Juan eindringen, wird daran aber von der ängstlichen Donna Anna gehindert.

Zehntes Bild
(27,7 x 19,7 cm): Don Juan und Leporello (in vertauschten Rollen) vor Donna Elviras Haus

Der Titel stimmt nicht ganz, denn laut Libretto war Donna Elvira in einem Gasthaus abgestiegen. Don Juan, um seine Frechheit auf die Spitze zu treiben, ist hinter ihrer Kammerzofe her. Er glaubt schneller ans Ziel zu gelangen, wenn er ihr als Diener verkleidet ein Ständchen bringt, und möchte dabei in Leporellos Kleider schlüpfen. Die beiden Halunken tauschen auch einige Kleidungsstücke, aber statt der erwarteten Kammerzofe erscheint Donna Elvira auf dem Balkon des Gasthauses. Schnell und geschickt ändert Don Juan seinen Plan. Leporello, schon in seinen Kleidern, übernimmt mit entsprechenden Gesten seine Rolle, während er, hinter Leporellos Rücken verborgen, das Wort führt. Donna Elvira läßt sich durch seine Schmeicheleien und erneuten Liebesschwüre täuschen und folgt seinem Wunsch, zu ihm herabzukommen. Meid hält den Augenblick kurz davor fest, wenn Donna Elvira auf den Balkon tritt und die beiden Schurken sich im Dunkeln der Straße amüsieren. Das aus der Balkontür herausscheinende Licht ist in die Bildkomposition so eingebaut, daß die Gestalt Leporellos teilweise aufleuchtet, während Don Juan fast ganz im Schatten ist.

Meid übergeht nun einige Szenen, vornehmlich solche in denen Masetto auftritt, und läßt auch die Entlarvung des verkleideten Leporello aus. Er wendet sich gleich der Kirchhofszene zu.

Elftes Bild
(27,6 x 21,7 cm): Kirchhofszene

Sie führt uns aus der Realität ins Irreale, ins geisterhaft Gespenstische, von Meid in ganz eigener Weise gestaltet, wobei sein schwarzer Humor zum Vorschein kommt. Die Statue des Komturs hat er in eine Brunnennische gestellt, als deren Vorbild der Venus-Brunnen der Villa Romana in Florenz dient, aber statt einer lieblichen Venus blickt im Mondenschein finster und drohend der übergroße Komtur daraus hervor. Don Juan tritt gerade vor die Statue, um sie zum Gastmahl einzuladen. Der zu Tode geängstigte Leporello hat sich derweil, links unten vorn im Bild, ins Gebüsch verkrochen. Meid verzichtet dabei auf das Friedhofmäßige, es sind keine Grabkreuze, keine Grabmonumente zu sehen. Allein schon dadurch unterscheidet er sich von den üblichen Darstellungen der Kirchhofszene, darüberhinaus hält er auch an der im Libretto angegebenen „Statua" fest, die er nicht, wie etwa Max Slevogt, in ein Reiterdenkmal verwandelt.

Zwölftes Bild
(27,8 x 28,6 cm). Don Juan: „Fröhlich sei mein Abendessen" (heute gebräuchlichere Übersetzung: „Ah, das Mahl ist schon bereitet")

Don Juan erwartet den Komtur zum Abendessen. In diesem Blatt entfaltet Meid nochmals seine Vorliebe für die italienische Barockarchitektur, für Dämmerlicht und Kerzenschein. Die Perspektive des Betrachters entspricht der eines Theaterbesuchers in einer vorderen Reihe. Der tafelnde Don Juan, Leporello und zwei Diener befinden sich in dem festlichen Raum. Auf einer Ballustrade im Hintergrund musiziert ein kleines Orchester. Don Juan mit erhobenem Glas preist entweder gerade den exzellenten Marzimino (nur in der Gegend von Trient-Rovereto angebaut) oder läßt die „Mädchen und Reben", die das Dasein würzen, leben. Die Preisung des Marzimino ist aber wahrscheinlicher. Am Tisch mit dem Rücken zum Betrachter, durch eine hohe Stuhllehne großenteils verdeckt, prostet ihm nämlich eine Frauengestalt zu. Es kann schlecht Donna

Elvira sein, die erst später die Szene betritt, vor Don Juan auf die Knie fällt und schnell wieder davoneilt. So ist anzunehmen, daß Meid eine der Liebschaften Don Juans ins Bild genommen hat, die mit ihm den Komtur erwartet.

Dreizehntes Bild
(25,7 x 18,6 cm): Der Comthur erscheint

Meid wendet sich wieder ganz dem Figürlichen zu, alles Beiwerk ist weggelassen. Don Juan steht allein dem in hellem, ja grellem Licht eintretenden Komtur gegenüber. Das Bild kehrt das zweite Bild des Zyklus symbolisch um. In diesem stürzt der Komtur, von Don Juans Degen durchbohrt, schmerzverzerrt zu Boden, jetzt beherrscht er die Szene in hellem Schein, seine Umrisse in zarten Strichen dargestellt, auf das Übersinnliche verweisend. Don Juan, im Schatten, schreckt angstvoll zurück, aber nach Überwindung seiner kreatürlichen Angst, zeigt er keine Reue, beugt seinen Sinn nicht, lieber läßt er sich von der Hölle verschlingen.

Vierzehntes und letztes Bild
(31,7 x 26,6 cm): Höllensturz

Mozarts Oper als Bühnengeschehen vor Augen, führt dieses letzte Bild unter die Bühne. Der mit einem Schrei in die Hölle geholte Don Juan wird von zwei grinsenden Teufeln hinuntergezogen, in eine Hölle, in der nackte Frauenkörper mit prallen Brüsten aufleuchten. Danach wäre die Hölle auf den ersten Bilck gar nicht so höllisch, aber Meid, mit seinem schwarzen Humor, hatte wohl anderes im Sinn. Für ihn als Meister feinsinniger Erotik, waren jugendliche und reife Frauenbrüste Symbol der Sinnenfreude. Wenn Don Juan in der Hölle davon umgeben ist, bedeutet das, daß er sie zwar ständig vor Augen hat, seine Lüsternheit aber nicht stillen kann, er wird einem Tantalus gleich.

Die Höllenszene beinhaltet aber noch etwas anderes: Mozart und Da Ponte wollten mit dem „Don Giovanni" keine klassische Tragödie, kein echtes Drama schaffen, sondern eben ein Dramma giocoso, ein heiteres, amüsantes Drama, das zwar zum Nachdenken anregen soll, aber auch nicht zu ernst genommen werden darf.

Handzeichnungen zum „Don Juan"-Zyklus

Meids Kaltnadelradierungen zu Mozarts Oper „Don Giovanni" gingen zahlreiche Skizzen und lavierte Kreidezeichnungen voraus. Wieviele es waren läßt sich nicht mehr rekonstruieren, da der Großteil seines zeichnerischen Werks 1943 einem Luftangriff auf Berlin zum Opfer fiel. Meids Villa wurde dabei bis auf die Grundmauern zerstört, ihr ehemaliger Standort ist heute nicht mehr auszumachen. Von den Entwürfen zum „Don Juan"-Zyklus ist nur ein einziger im Original bekannt. Er und drei weitere sind in dem bibliophilen Band „Hans Meid. Handzeichnungen" als Lichtdrucke abgebildet. Der Band erschien 1924 im Rembrandt-Verlag, Berlin Zehlendorf. Die Qualität der Lichtdrucke ist so gut, daß sie ein ungeübtes Auge kaum vom Original zu unterscheiden vermag.

Die vier Handzeichnungen stellen folgende Szenen dar:
1. Allegro molto Donna Anna: „Ja, ich wage selbst mein Leben, Räuber du entgehst mir nicht",
2. Don Ottavios Racheschwur,
3. Die drei Masken vor Don Juans Haus,
4. Don Juan und Leporello vor Donna Elviras Haus.

In ihrem Aufbau unterscheiden sich die vier Handzeichnungen nicht oder nur unwesentlich von den Radierungen. Beispielsweise nimmt Donna Anna die gleiche theatralische Geste mit weit geöffnetem Mund ein wie auf der Radierung. Auch die beiden Halunken vor Donna Elviras Haus nehmen die gleiche Pose ein. Die Gestalt des Don Juan auf dem Balkon seines Hauses weicht etwas ab. Auf der Radierung befindet er sich mehr im Hintergrund, während Leporello die drei Masken zum Ball einlädt. Dadurch ist er deutlicher im Licht, das aus dem Ballsaal dringt, sichtbar.

Aus der weitgehenden Übereinstimmung der Entwürfe mit den Radierungen läßt sich schließen, daß die in den Band aufgenommenen Handzeichnungen die unmittelbaren Vorlagen für die Radierungen waren. Üblicherweise sind solche Entwürfe spiegelbildlich gegenüber den Radierungen. Meid hob aber schon während der Arbeit an der Radierplatte die Seitenverkehrung auf.

Zusammenfassung

Die fünfzehn Radierungen zu Mozarts Oper „Don Giovanni" stellen nicht nur den Gipfel im graphischen Werk Hans Meids dar, sie lassen sich auch als Höhe- und Endpunkt impressionistischer Radierkunst in Deutschland einordnen. Gleichwertiges wurde seit der Uraufführung des „Don Giovanni" – 1787 – im Bereich der Graphik nicht geschaffen. Um die Jahrhundertwende hatte sich zwar schon Max Slevogt mit Mozarts Oper künstlerisch befaßt, er ging dabei aber von ganz anderen Gesichtspunkten aus. Ihn beschäftigte die Gestalt des Don Giovanni in der Verkörperung durch den berühmten protugiesischen Sänger Francisco d'Andrade, ein Thema, das ihn über zwei Jahrzehnte nicht mehr losließ. Nach dessen Tod, 1921, entwarf er nur noch die Bühnenbilder für eine Inszenierung des „Don Giovanni" im Staatstheater Dresden.

Hans Meid dagegen setzte sich nur einmal, im Jahr 1912, mit Mozarts Oper auseinander. Später griff er das Thema nicht mehr auf. Seine Schwerpunktesetzung bei der Behandlung der Figuren weicht von der gegenwärtigen in manchem ab. Vor allem ignoriert Meid die wichtige Figur des Masetto. Er ist auf keinem der 15 Radierblätter zu sehen. Neben Don Juan selbst sind für Meid der Komtur und Donna Anna die Hauptfiguren.

Das vollständige Mappenwerk von Meids „Don Juan"-Zyklus findet sich nur noch ganz selten auf Kunstauktionen oder in Kunstgalerien zum Kauf angeboten. Einzelblätter tauchen dagegen immer wieder einmal auf. Verschiedene Museen sind allerdings im Besitz des vollständigen „Don Juan"-Zyklus, von denen stellvertretend die Staatlichen Museen Berlin, das Museum der bildenden Künste Leipzig, das Nationalmuseum Stockholm und die Graphische Sammlung Albertina in Wien genannt seien.

Literaturauswahl

FRANKEN, Franz Hermann: Hans Meid, Leben und Werk. Herausgegeben von Ralph JENTSCH. – Stuttgart: Cantz 1987

Derselbe: Hans Meid als Illustrator, in: Illustration 63, Jahrgang 20 (1983), Memmingen 1983, S. 60–62

Derselbe: Mozarts Don Giovanni bei Max Slevogt und Hans Meid, in: Graphische Kunst 31 (1988), Heft 2, Memmingen 1988, S. 59–61

IMIELA, Hans-Jürgen: Max Slevogt. Eine Monographie. – Karlsruhe: G. Braun 1968

Derselbe und Berthold ROLAND: Slevogt und Mozart. Werke von Max Slevogt zu den Opern „Don Giovanni" und „Die Zauberflöte". – (Mainz: Philipp von Zabern 1991)

JANNASCH, Adolf: Hans Meid. – Berlin, Wien: Paul Neff 1943

JENTSCH, Ralph: Hans Meid. Das Graphische Werk. – Esslingen: Verlag Kunstgalerie 1978

Derselbe: Hans Meid, eine Werkübersicht. Katalog zur Centenarausstellung in Pforzheim. Herausgegeben von der Stadt Pforzheim 1983

KOCH, Heike: Studien zum frühen graphischen Werk von Hans Meid. – Phil. Diss. Münster; Hamburg: Lit Verlag. (Form & Interesse. 42.)

MEID, Hans: Handzeichnungen. Text von Oskar FISCHEL. – Berlin-Zehlendorf: Rembrandt Verlag 1924

Derselbe: Berichte von Inhabern des Villa Romana-Preises, in: Hermann HEROLD, 50 Jahre Villa Romana, Düsseldorf 1954, S. 27–29

MEID, Max: Persönliche Mitteilungen über meinen Vater Hans Meid während der Jahre 1983–1995

NEUMANN, Käthe: Hans Meid und das Theater, in: Jahrbuch der Staatlichen Kunstsammlung Dresden 10 (1976/77), S. 113–124

SCHEFFLER, Karl: Der Radierer Hans Meid, in: Kunst und Künstler 11 (1913), S. 619–624

Herrn Bernd Schultz, von der Villa Grisebach in Berlin, danke ich besonders für seine Anregungen. Die Dissertation von Frau Heike Koch über Hans Meids graphisches Schaffen sei in ihrer Bedeutung hervorgehoben.

Rudolph Angermüller

Mozart-Opern in den 1920er Jahren

Für eine grundlegende Theaterreform unseres Saeculums sorgen hauptsächlich Adolphe Appia (1. September 1862 Genf – 29. Februar 1928 Nyon) und Edward Gordon Craig (16. Januar 1872 Harpenden – 29. Juli 1966 Vence). Das Theater nimmt mit ihnen eine autonome Kunstform an, befreit sich von den Fesseln der Literatur, räumt dem Regisseur breiten Raum ein, das Bühnenbild wird zu einer neuen Kategorie der Kunst deklariert, es ist ein Kompositum aus Form, Farbe und Licht. Seit dem Beginn des 20. Jahrhunderts beginnt man die Mozartschen Opern zu entstauben, sieht sie in einem neuen Licht.

Der Schweizer Bühnenentwerfer und -theoretiker Appia verwirft alle realistische Detailornamentik und Milieuschilderung, plädiert für eine großlinige Stilisierung und rhythmische Räume mit zarten, kontrastarmen Farbabstufungen. Er betont den funktionellen Einsatz des Lichtes – erst seit 1882 wurden im Theater Starkstromanlagen für die Bühnenbeleuchtung in größerem Umfang eingesetzt. Die Bühne gleicht bei Appia einem Traumbild. „Der Traum", so der Künstler, „dieser kostbare Zeuge, gibt uns mehr Aufschluß über die wesentlichen Wünsche unserer Persönlichkeit, als es die genaueste und feinste Analyse imstande wäre". Appia wendet sich gegen die verstaubten zweidimensionalen gemalten Bühnenbilder, er fordert den dreidimensionalen Bühnenraum mit elektrischem Licht als wichtigsten Gestaltungsfaktor.

In seinem Buch „Die Musik und die Inszenierung", München 1899, S. 12f., betont Appia: „Im Worttondrama empfängt der Darsteller durch die Musik nicht nur die Suggestion für sein Spiel, sondern auch die bestimmte Angabe für dessen genau einzuhaltende Verhältnisse. Er selbst kann in diese Verhältnisse, welche die Musik endgültig festgesetzt hat, nicht einmal den Wechsel der Intensität hineintragen; denn auch dieser ist im musikalischen Ausdruck schon enthalten. Der Umfang und die Bedeutung der Worttondichtung, worunter ich die vollständige Partitur des Dramas verstehe, ersetzen also für den Interpreten dieses Dramas d a s L e b e n. Und wie der Schauspieler des bloßen Wortdramas sich die nötige Geschmeidigkeit aneignen muß, um jene Elemente wiederzugeben, die ihm die Beobachtungen des täglichen Lebens geliefert hat, so muß auch der Darsteller des Worttondramas sie erringen: Hier jedoch nicht, um sie seinen Beobachtungen dienstbar zu machen, sondern um den formalen Befehlen des in der Partitur verborgenen Lebens gehorchen zu können."

Der englische Schauspieler, Regisseur, Bühnenbildner und Theoretiker Craig ersetzt den dekorativen Pseudo-Realismus seiner Zeit durch Bühnenräume einfachster Form mit ausdrucksstarker und effektvoller Lichtführung. Craigs Stilbühne lebt von Rhythmus, Farbe und Licht. Sein théâtre pur will das Theater vom Joch der Literatur, Musik und Malerei befreien. Sein Konzept der Neutralbühne ist später vielen „Zauberflöten"-Inszenierungen zugute gekommen.

Neben der sogenannten Neutralbühne wird der Bühne des bildenden Künstlers immer mehr Raum geschenkt. In Paris schaffen vor allem russische Maler Farborgien für Sergej Pawlowitsch Diaghilews (1872–1929) Ballets Russes.

Die offene Bühnengestaltung zeichnet sich als weiterer, entscheidender Weg ab. Das traditionelle Illusionstheater mit einem geschlossenen Szenenbild wird jetzt durch eine zeichenhaft andeutende Dekoration ersetzt, eine Dekoration, die mit Versatzstücken und anderen Elementen arbeitet. Die Szene kann so sparsam bis abstrakt gestaltet werden.

Ernst Lert (1883–1955) hat 1921 in seinem Buch „Mozart auf dem Theater", 3/41921, S.23, bemerkt: „Bisher war, der Tagesanschauung entsprechend, die Bühnenkunst als die Kunst des einzelnen Darstellers angesehen und danach behandelt worden. Erst als man anfing nach dem Bühnenkunstwerk als Ganzem zu fragen, als der Inszenator als sein Urheber in die allgemeine Beachtung trat, stellte sich auch die Forschung auf das Ganze ein und kam zu der Erkenntnis, daß Theatergeschichte Inszenierungsgeschichte sei, daß nicht die pragmatische und politische Geschichte des Standes und seiner einzelnen Vertreter, sondern die Entwicklungsgeschichte des Gesamtbühnenwerkes die Aufgabe der Forschung zu bilden habe. Es ist ein gewaltiger Stoff, der unmöglich für einen Einzelnen, unmöglich für eine einzelne Forschergruppe abzubauen ist!"

Besonders experimentierfreudig sind die zwanziger Jahre. Architektur, Malerei, Plastik, Film und Theater stehen auf einem Höhepunkt. Stilformen werden vermischt, man gestaltet expressiv, konstruktiv und sachlich, ist innovativ (links), aber auch der Klassik zugewandt, liebt aufwendige Revuen, ist auf der Opernbühne vielfach der Symbolik zugetan.

Die Jugendopern

Mozarts Jugendopern – ich begreife sie bis zum „Re pastore" KV 208 (1775) – sind von den Bühnen stiefmütterlich behandelt worden. Erst die Salzburger Mozartwoche der Internationalen Stiftung Mozarteum ließ in den 1970er Jahren in Verbindung von Praxis und Wissenschaft den „unbekannten" Mozart einspielen. Das machte zahlreiche Opernhäuser neugierig, sie setzten in der Folge – wenn auch nur behutsam – Mozarts Jugendopern auf ihren Spielplan.[1]

Verschiedene Gründe haben dazu beigetragen, daß Mozarts Jugendopern nur selten gespielt werden: Weniger publikumskräftige Gattungen wie Geistliches Singspiel, Festa teatrale und Opera seria sind uns heute eher fremd. Wenig bekannt sind auch allegorische und mythische Figuren. Langeweile vermitteln einzelne Libretti mit blumenreicher Sprache, ungewohnt ist die monotone Abfolge von Arie und Rezitativ. Dazu kommt, daß einzelne Werke nicht abendfüllend sind, daß die Unkenntnis der lateinischen Sprache, der griechischen und römischen Geschichte und Mythologie das Verständnis der actio erschweren. Erstklassige Sänger und ein gutes Ballett werden nur selten finanziert, spielen sich vielfach nicht ein. Auch die Kosten für ein teures Orchesterleihmaterial werden gescheut.

Von dem einaktigen Singspiel „Bastien und Bastienne" KV 50 (46b) existiert aus den 1920er Jahren nur ein Libretto. Rainer Simons bearbeitete das einaktige deutsche Libretto 1927 für die Wiener Kammeroper.[2]

Die Salzburger Festspiele nahmen „Bastien und Bastienne" am 3. August 1928 in ihr Programm auf. Die Produktion war ein Gastspiel des Leningrader Opernstudios im Stadttheater. Bastienne: Lydia Schuk, Colas: Wladimir Talankin, Bastien: Wassilij Tichy. Inszenierung und Bühnenbild: Emanuel Kaplan, Kostüme: Ekaterina Petrowa, Dirigent: Serge Elzin. Prolog, Epilog und textliche Einrichtung waren von Emanuel Kaplan und Arkadij Orel. Das Leningrader Opernstudio spielte als erstes ausländisches Theater bei den Salzburger Festspielen. Neben „Bastien und Bastienne" führte es noch Bernhard Paumgartners (1887–1971) „Die Höhle von Salamanca", Alexander Dargomyschskijs (1813–1869) „Der steinerne Gast" und Nikolaj Rimskij-Korsakows (1844–1908) „Der unsterbliche Kaschtschey" auf. „Bastien und

---

1 Vergleiche dazu: Rudolph Angermüller, Warum werden Mozarts Jugendopern so selten gespielt?, in: Atti dell'Accademia Roveretana degli Agiati 242 (1992), seria VII, volume II,A, Vallagarina-Calliano (Trento), S. 71–98.

2 Tagblatt-Bibliothek Nr. 531 / Operntextbuch Nr. 47 / Bastien und Bastienne / Singspiel in einem Akt / von / Wolfgang Amadeus Mozart / Text und Dialog von Rainer Simons / Bearbeitung der Wiener Kammeroper / Mit einer Einführung von Rainer Simons / [...] / STEYRERMÜHL / VERLAG / Wien / 56 S. 8°
(S. 3–12 Einführung, S. 13–24 Text „Bastien und Bastienne").
Exemplare: Wien, Österreichische Nationalbibliothek, Universitätsbibliothek.

Bastienne" war in dieser Inszenierung dem Konstruktivismus verpflichtet.

Zu Mozarts Lebzeiten ist die dreiaktige Opera buffa „La Finta semplice" KV 51 (46a), sieht man von der einen Salzburger Aufführung 1769 ab, nicht mehr gespielt worden. 1921 erstellte Anton Rudolph (1890–1971) eine Neubearbeitung in deutscher Sprache unter dem Titel „Die verstellte Einfalt" für Karlsruhe (gedruckt daselbst 1933). Eine dänische Übersetzung, basierend auf Rudolph, erschien 1923 bei Wilhelm Hansen in Kopenhagen.[1]

In unserem Jahrhundert nahm sich zunächst das Prager Theater des Mozartschen „Lucio Silla" KV 135 an (14. Dezember 1929).

Bis 1978, dem Erscheinungsdatum des dreiaktigen Dramma giocoso „La Finta giardiniera" KV 196 in der „Neuen Mozart-Ausgabe" (Rudolph Angermüller und Dietrich Berke), konnte die Oper überhaupt nicht in der Originalfassung gespielt werden. Die Ursache ist in der komplizierten Quellenlage zu suchen. Von Mozarts Autograph fanden sich nach seinem Tode nur der zweite und dritte Akt in seinem Nachlaß. Der erste Akt fehlte bereits kurz nach seinem Tod, vielleicht auch schon zu seinen Lebzeiten. Die alte Mozart-Ausgabe publizierte nur die Musiknummern des ersten Aktes mit deutschem Text. Damit war die Oper im Grunde unspielbar: die italienische Fassung konnte nicht auf die Bühne gebracht werden, weil der Text zum ersten Akte fehlte, ferner die italienischen Rezitative nicht vorhanden waren, die deutsche Fassung kam nicht in der Originalgestalt zur Geltung, da der Dialogtext fehlte. In den 1970er Jahren konnte die Editionsleitung der „Neuen Mozart-Ausgabe" eine dreibändige Partiturkopie (um oder vor 1800) ausfindig machen, die einen italienischen und deutschen Text aufweist, somit auch die italienischen Rezitative vollständig wiedergibt. Hinzu kommt, daß der Autor 1976 das Libretto zu Pasquale Anfossis (1727 bis 1797) „La Finta giardiniera", das für Mozarts Text relevant ist, in der Biblioteca Santa Cecilia in Rom fand. Bereits in den 1960er Jahren hatte Robert Münster in der Bayerischen Staatsbibliothek ein deutsches Originallibretto (Augsburg 1780) entdeckt.

1911 bearbeitete Oscar Bie (1864–1938) die „Gärtnerin aus Liebe" in einem Akt[2], 1915 richteten Rudolf (1864–1915) und Ludwig Berger (1892–1969) (eigentlich Bamberger) das Werk auf deutsch für Mainz ein. Rudolf Bechtold & Comp. in Wiesbaden veröffentlichten 1927 Bergers und Bies Bearbeitung. Um 1927 erschien the comic opera „The Love Game", ins Englische übersetzt von F. Harrison Dowd (nach der Rudolphschen Fassung), maschinenschriftlich in New York[3]. 1928 richtete Siegfried Anheißer (1881–1938) „Die Gärtnerin aus Liebe" in einer zweiaktigen Fassung für den Rundfunk ein.[4]

„Zaide" („Das Serail")

Nach älteren Vorlagen bearbeitete Robert Hirschfeld (1858–1914) das deutsche Singspiel „Zaide" KV 344 (336b). Das Libretto des unvollständigen Werkes erschien um 1929 in Wien.[5]

---

1 ROSINES / SKÆLMSSTYKKER / (LA FINTA SEMPLICE) / KOMISK OPERA (OPERA BUFFA) I 3 AKTER / AF / W. A. MOZART / EFTER ANTON RUDOLPH'S NYE HANDLING OG NYE TEKST / OMARBEJDET OG OVERSAT AF / GUSTAV HETSCH / FORLÆGGERENS EJENDOM FOR SKANDINAVIEN / KØBENHAVN & LEIPZIG / WILHELM HANSEN, MUSIKFORLAG / KRISTIANIA & BERGEN / NORSK MUSIKFORLAG / GÖTEBORG - STOCKHOLM - MALMÖ / A.B. NORDISKA MUSIKFÖRLAGET / Copyright 1923 by Wilhelm Hansen, Copenhagen. / 18277 / 47, (1) S. 8°
Exemplare: Århus, Staatsbibliothek; Kopenhagen, Theaterhistorisches Museum; Washington, Library of Congress.

2 Wien und Leipzig: Universal Edition 1911.

3 Eine Kopie wird heute in der Library of Congress in Washington aufbewahrt.

4 Die Gärtnerin aus Liebe / (La finta Giardiniera) / Komische Oper / nach dem Italienischen / von / Wolfgang Amadeus Mozart / In zwei Aufzügen eingerichtet / und / für den Rundfunk bearbeitet und eingeleitet / von / Siegfried Anheisser / Rufu=Verlag G.m.b.H. Köln / 30 S. 8° (Werag-Sendespiele. 20.) Exemplare: Salzburg, Bibliothek der Internationalen Stiftung Mozarteum; Berlin, Staatsbibliothek Preußischer Kulturbesitz; Köln, Universitäts- und Stadtbibliothek.

5 ZAIDE / Oper in zwei Akten / von / W. A. Mozart / Nach älteren Vorlagen bearbeitet / von / Dr. Rob. Hirschfeld / Mit einer Einführung von Heinrich Kralik. / Tagblatt-Bibliothek, Steyrermühl-Verlag / Wien I, Wollzeile 20 / 32 S. 8° (Tagblatt-Bibliothek. 745.) Exemplar: Budapest, Széchényi Nationalbibliothek.

„Idomeneo, Re di Creta"

Mannigfache Bearbeitungen und Neufassungen des dreiaktigen Dramma per musica „Idomeneo, Re di Creta" KV 366 gab es zur 150. Wiederkehr der Oper 1931 (Dessau: Artur Martin Rother [1885–1972]; Wien: Lothar Wallerstein [1882 bis 1949] und Richard Strauss [1864–1949]; Braunschweig: Wilhelm Meckbach; München: Ermanno Wolf-Ferrari [1876–1948] und Ernst Leopold Stahl; Prag: Jaromír Fiala). Man war bestrebt, unter allen Umständen Mozarts Münchener Oper für die Bühnen wiederzugewinnen.

Ernst Lewicki (1863–1937), Professor an der Technischen Hochschule in Dresden, Mitbegründer, Archivar und Vorsitzender (1917) des 1896 gegründeten Mozart-Vereins in Dresden, arrangierte „Idomeneo, Re di Creta" in den Jahren 1902 bis 1922 (erste Niederschrift 1912 bis 1916). Lewickis Bearbeitung wurde nachweislich an zwei deutschen Bühnen aufgeführt. Die Erstaufführung der „damals noch keineswegs endgültigen Fassung fand unter Fritz Cortelizis [1878 bis 1934] auf die tätige Anregung von Walter Steinkauler am 4. April 1917 in Karlsruhe statt". Bei der Textüberarbeitung im Anschluß an die deutsche Übersetzung von Carl Friedrich Niese (1821–1891) in der alten Mozart-Ausgabe war Lewicki auch W. Genzmer behilflich. Die Fassung, die er als die endgültige seiner Bearbeitungen ansah, ging am 4. März 1925 in Dresden in Szene.[1] Die musikalische Leitung hatte Hermann Kutzschbach (1875–1938), die Spielleitung Georg Troller (1862–1939). Lewicki wollte mit seiner Neubearbeitung in Anlehnung an Mozarts eigene Umarbeitungspläne, von denen der Salzburger Meister in einem Brief vom 12. September 1781 spricht – so Lewicki in seinen Vorbemerkungen zum Dresdener Textbuch –, „die Merkmale der alten Opera seria so weit als möglich entfernen" und das Werk inhaltlich dem Empfinden der damaligen Zeit, das heißt dem Empfinden der zwanziger Jahre, „menschlich näher bringen".

1925 haben Paul und Lotte Tiedemann versucht, „Idomeneo, Re di Creta" auch in den Schulen heimisch zu machen. Ihre sechs Chöre aus der Oper mit verbindender gebundener Dichtung in deutscher Sprache waren wohl für humanistisch gebildete Gymnasiasten gedacht.[2]

Lewicki straffte die Handlung auf zwei Akte, er wollte, wie es scheint, nur den Kern der Handlung bringen, sich auf Christoph Willibald Glucks (1714–1787) Musikdrama beziehen. Lewicki hat vor allem die Rezitative gekürzt, er räumte Elettra nur eine Nebenrolle ein. Schlußballett und Intermezzo am Ende des ersten Aktes sind eliminiert. Trotz mancher Eigenwilligkeiten, vor allem der Besetzung der Titelpartie mit einem Bariton, hat sich Lewicki, betrachtet man demgegenüber Bearbeitungen des 19. Jahrhunderts, sehr an Mozarts Originaltext gehalten. „Idomeneo, Re di Creta" wurde in Dresden in einer annehmbaren, wenn auch der Zeit verpflichteten Sprache, gegeben.

Grundlegende Literatur bietet der Sammelband „Wolfgang Amadeus Mozart. Idomeneo 1781–1981". Essays, Forschungsberichte, Katalog mit der Rede zur Eröffnung der Ausstellung von Wolfgang Hildesheimer, Redaktion des Aufsatzteiles: Rudolph Angermüller und Robert Münster; Ausstellung und Katalog: Robert Münster, Mitarbeit: Margot Attenkofer, München 1981. Daraus sind die Beiträge von Stephan Kohler „Die ‚Idomeneo'-Bearbeitung von Lothar Wallerstein und Richard Strauss (1931)" und von Helmut Hell „Die ‚Idomeneo'-Bearbeitung von Ermanno Wolf-Ferrari (1931)" besonders hervorzuheben.

---

1 Idomeneus / (Ilia und Idamantes) / Oper in zwei Akten von / W. A. Mozart / Nach Mozartschen Plänen und Vorlagen / für die deutsche Bühne neu bearbeitet / von / Ernst Lewicki, Dresden / Alle Rechte vorbehalten / Den Bühnen gegenüber als Manuskript gedruckt / 1925 / 40 S. 8°
Exemplar: Dresden, Staatstheater.

2 Sechs Chöre aus / Idomeneus / von / W. A. Mozart / Für Schülerchor mit Begleitung / bearbeitet von / Paul Tiedemann / Verbindende Dichtung / von / Lotte Tiedemann / Berlin=Lichterfelde 1925 / Chr. Friedrich Vieweg G.m.b.H. / 8 S. 8°
Exemplar: Berlin, Staatsbibliothek Preußischer Kulturbesitz.

„Die Entführung aus dem Serail"

Auffallend sind zahlreiche Übersetzungen des „Entführung aus dem Serail"-Librettos in den 1920er Jahren. Ein unbekannter übersetzte das dreiaktige deutsche Singspiel (KV 384) 1922 für eine Aufführung am 22. März in Zagreb ins Kroatische. Weitere Übersetzungen: 1924 ins Schwedische von Arvid Petersen, Stockholm, dasselbe Jahr ins Lettische von unbekannt für eine Aufführung am 18. März 1924 in Riga, 1926 ins Finnische von unbekannt für eine Aufführung am 5. Februar in Helsinki, 1927 ins Rumänische von unbekannt für eine Aufführung im Dezember in Bukarest, 1928 ins Katalanische von Costa Joaquim Pena (1873–1944) für eine Aufführung in Barcelona, im selben Jahr ins Bulgarische von unbekannt für eine Aufführung am 13. März 1928 in Sofia, 1929 ins Slowenische von Franjo Bucar (1861–?) für eine Aufführung am 20. November in Ljubljana.

Libretti wurden verlegt: Der Otto Hendel Verlag in Berlin publizierte 1920 eines in seiner Reihe Operntexte mit Notenbeispielen[1], um 1920 arbeitete Carl Friedrich Wittmann die „Oper in drei Aufzügen" für Philipp Reclam jun. in Leipzig durch [2].

Am 7. November 1921 fand im Pariser Palais Garnier (= Opéra) die 11. Reprise des „Enlèvement au Sérail" statt. Man spielte in einer Inszenierung vom 1. Dezember 1903 (Inszenierung: Raoul Lapissida [1835–?], Bühnenbild: Marcel Jambon [1848–?] und Alexandre Bailly). Die 26. Reprise wurde am 13. Mai 1928, die 27. am 27. Februar 1929 gegeben.

Cornelis Bronsgeest (1878–1957) richtete 1925 das Werk für die Berliner Funk-Stunde ein[3], Georg Richard Kruse (1856–1944) gab Mozarts Meisterwerk um 1925 bei Philipp Reclam jun. in Leipzig heraus[4], der Verlag der Bayerischen Radiozeitung edierte KV 384 für Theater, Rundfunk und Opernübertragung 1926 in München[5], 1927 richtete Siegfried Anheißer „Die Entführung aus dem Serail" für den Kölner Rundfunk ein[6], Costa Joaquim Pena übersetzte die „komische Oper"

---

1   Hendels Operntexte / Mit Notenbeispielen. / Die Entführung aus dem Serail / oder / Belmonte und Konstanze. / Oper in drei Akten / nach dem gleichnamigen Text von C. F. Bretzner / bearbeitet von / G. Stephanie. / Musik von W. A. Mozart. / Berlin W 9 / Otto Hendel Verlag (Hermann Hillger) / 30 S. 8°
    (Hendel Bücher Operntexte mit Notenbeispielen. 20.) Exemplar: Berlin, Universitätsbibliothek der Humboldt-Universität.

2   Die / Entführung aus dem Serail. / Oper in drei Aufzügen / von / W. A. Mozart. / Dichtung / von / Bretzner=Stephanie d. J. / Vollständiges Buch. / Durchgearbeitet und herausgegeben / von / Carl Friedrich Wittmann. / Leipzig. / Druck und Verlag von Philipp Reclam jun. / 65, (1) S. 8°
    (Universal-Bibliothek. 2667.) (Opernbücher. 9.)
    Exemplare: Wien, Gesellschaft der Musikfreunde, Österreichische Nationalbibliothek; Solothurn, Zentralbibliothek; Zürich, Bibliothek des Konservatoriums und der Musikhochschule; Augsburg, Staats- und Stadtbibliothek; Berlin, Staatliche Hochschule für Musik und Darstellende Kunst; Coburg, Landesbibliothek; Düsseldorf, Universitätsbibliothek; Frankfurt/Oder, Stadt- und Bezirksbibliothek; Kassel, Gesamthochschulbibliothek; Lübeck, Bibliothek der Hansestadt; München, Städtische Musikbibliothek, Bibliothek des Theatermuseums; Rostock, Universitätsbibliothek; Weimar, Zentralbibliothek der Deutschen Klassik; Edinburgh, University Library; Budapest, Széchényi Nationalbibliothek; Krakau, Jagiellonenbibliothek; Warschau, Universitätsbibliothek; Cluj, Universitätsbibliothek.

3   SendeSpiele / Eine periodisch erscheinende Folge wortgetreuer Text- / bücher zu den Sendespielen der Berliner Funk-Stunde / Jahrgang 2 Heft 13 / DIE ENTFÜHRUNG / AUS DEM SERAIL / Komische Oper in 3 Teilen / von W. A. MOZART / Für den Rundfunk eingerichtet von Cornelis Bronsgeest / Verlag Dr. WEDEKIND & Co. G.m.b.H., Berlin S 14 / 40 S. 8°
    (Sendespiele. II,13.) Exemplar: Karlsruhe, Badische Landesbibliothek.

4   Die Entführung / aus dem Serail / Oper in drei Aufzügen / von / W. A. Mozart / Dichtung nach Bretzner von Stephanie d. J. / Vollständiges Buch / Herausgegeben / von Georg Richard Kruse / Verlag von Philipp Reclam jun. Leipzig / 63, (1) S. 8°
    (Reclams Universal-Bibliothek. 2667.) (Opernbücher. 9.)
    Exemplare: Brünn, Universitätsbibliothek; Darmstadt, Hessische Hochschul- und Landesbibliothek; Fulda, Hessische Landesbibliothek; Hameln, Stadtbücherei des Schiller-Gymnasiums; Mainz, Stadtbibliothek.

5   Die Entführung / aus dem Serail / Oper in drei Aufzügen / von / W. A. Mozart / Dichtung von Bretzner=Stephanie d. J. / Vollständiges Textbuch / für Theater, Rundfunk und / Opernübertragung / durch Fernsprecher / Herausgegeben vom Verlag / der Bayerischen Radiozeitung G.m.b.H. / München / 40 S. 8°
    Exemplare: Berlin, Staatsbibliothek Preußischer Kulturbesitz; München, Städtische Musikbibliothek.

6   Die / Entführung aus dem Serail / Singspiel in drei Aufzügen / von / W. A. Mozart / Dichtung frei nach Chr. Fr. Bretzner / von Stephanie dem Jüngeren / Für den Rundfunk eingerichtet / und eingeleitet / von / Siegfried Anheisser / Rufu=Verlag G.m.b.H. Köln / 44 S. 8°
    Exemplar: Berlin, Staatliche Hochschule für Musik und Darstellende Kunst.

1928 für Barcelona[1] und Sándor Hevesi 1929 für Budapest[2].

Die erste „Entführung aus dem Serail" der Salzburger Festspiele war eine Produktion der Wiener Staatsoper, sie fand am 27. August 1922 im Stadttheater statt (Dirigent: Franz Schalk [1863–1931], Inszenierung: Hans Breuer [1868 bis 1929], Bühnenbild: Alfred Roller [1864 bis 1935]). Roller, in Brünn gebürtig, war Maler, Kunstgewerbler, Graphiker und Bühnenbildner. Er studierte an der Wiener Akademie, war daselbst Professor an der Kunstgewerbeschule und Leiter des Ausstattungswesens der Wiener Staatstheater. Als Mitbegründer der Wiener Secession, Redakteur der Zeitschrift „Ver Sacrum", knüpfte er an Appia und Craig an. Starke Farbigkeit setzte er der Musik entgegen. Gustav Mahler (1860–1911) konnte ihn für die szenische Erneuerung der Wiener Hofoper gewinnen. Berühmt geworden sind die verschiebbaren Türme, die sogenannten „Rollerschen Türme", die das feste Portal ersetzen und den szenischen Raum variabel gliedern können.

Roller verlegte den ersten Akt der „Entführung aus dem Serail" vor das Landgut des Bassa Selim, er zog eine mannshohe Mauer über das Bühnenbild. Eine praktikable Tür kam der Regie zugute.

Eine „türkische" Inszenierung der „Entführung aus dem Serail" brachte die Dresdener Staatsoper am 27. Dezember 1927. Erna Berger (1900 bis 1990) sang die Blonde und Ivar Andrésen (1896–1940) den Osmin. Die Berger, 1900 in Cossebaude bei Dresden geboren, wurde 1925 von Fritz Busch (1890–1951) an die Dresdener Staatsoper verpflichtet und debütierte als Erster Knabe in Mozarts „Zauberflöte". 1934 kam sie an die Berliner Staatsoper, wo sie Wilhelm Furtwängler (1886–1954) unter anderem als Konstanze in der „Entführung aus dem Serail" einsetzte. Die Berger besaß einen schönen timbrierten Koloratursopran, der eine Mischung von Virtuosität und Anmut, von Leichtigkeit und Wärme ausstrahlte.

Der 1896 in Oslo gebürtige Andrésen kam an die Dresdener Staatsoper, wo er bis 1934 sang. Der Norweger, der vor allem in Wagner-Partien glänzte, besaß eine große klangvolle und farbige Stimme.

„Der Schauspieldirektor"

Da das Schauspiel mit Musik „Der Schauspieldirektor" KV 486 mit vier Musiknummern und einer Ouvertüre nicht abendfüllend ist, hat man ihn in andere Stücke inkorporiert, immer wieder versucht das Werk zu „retten", indem man es bearbeitete. 1923 erschienen in New York die „Correct English Song Texts and Dialogue" von Henry Edward Krehbiel[3]. Zusammen mit Giovanni Battista Pergolesis (1710–1736) „La Serva padrona" wurde 1924 in Budapest in einer Übersetzung von Lajos Boldogh „Der Schauspieldirektor" in ungarischer Sprache gedruckt[4], im gleichen Jahr gab Georg Richard Kruse bei Philipp

---

1 W. A. MOZART / El rapte del serrall / ÓPERA CÒMICA EN 3 ACTES / LLIBRE ALEMANY DE / TEÒFIL STEPHANIE / BASAT EN LA COMÈDIA DE C. F. BRETZNER / TRADUCCIÓ ADAPTADA A LA MUSICA / DE / JOAQUIM PENA / BARCELONA / 1928 / (2), 102 S. 8° (Biblioteca L'Opera Clàssica. 6.) Exemplar: Barcelona, Biblioteca Central.

2 MAGY. KIR. OPERAHAZ / SZÖKTETÉS / A SZERÁLYBÓL / Énekes játek 3 felvonásban / Szövegét / BRETZNER K. F. után / szabaden átdolgozta: / IFJ. STEPHANIE / Ferditotta / HEVESI SÁNDOR / Zenéjét szerezte: / MOZART W. A. / CSÁTHY FERENC / egyetemi könyvkereskedés és irodalmi vállalat rt. / Debrecen – Budapest / Svövegkönyv / 48 S. 8°
(A Magyar Kirlályi Operaház szövegkönyvei. 9.)
Exemplar: Budapest, Széchényi Nationalbibliothek.

3 Price 35 Cents / WILLIAM WADE HINSHAW'S / CHAMBER PRODUCTIONS / Of / OPERA COMIQUE / "The Impresario" / An Operatic Comedy / By / MOZART / LIBRETTO / Correct English Song Texts and / Dialogue by / HENRY EDWARD KREHBIEL / [Vignette: HAROLD FLAMMER / INC. / 57 W. 45th ST. NEW YORK / PUBLISHER / OF / AMERICAN WORKS] / Copyright, 1916, by Henry Edward Krehbiel / Copyright, 1921, by Henry Edward Krehbiel / Copyright, 1923, by William Wade Hinshaw / International Copyright Secured / All rights reserved. This book is published for literary purposes only. Its use / in public or private performances in whole or in part is prohibited. / 30 S. 8°
Exemplar: New York, Julliard School of Music Library.

4 Szobaleány önagysága / (La serva padrona) / Intermezzo. Zenéjét szerzé: Pergolese. / A szinháziigazgató / (Der Schauspieldirektor) / Víg dalmü. Zenéjét szerzé: Mozart. / Mindkét szöveget fordította: / Boldogh Lajos / Budapest, 1924. május. / 61, (1) S. 8°
Exemplar: Budapest, Széchényi Nationalbibliothek.

Reclam jun. in Leipzig KV 486 heraus [1]. Cornelis Bronsgeest richtete Franz Schuberts „Der Häusliche Krieg" (= „Die Verschworenen", Singspiel in einem Akt) D 787 und Mozarts „Schauspieldirektor" 1925 für den Berliner Rundfunk ein[2], die „Tagblatt-Bibliothek" druckte in Wien 1927 Mozarts „Bastien und Bastienne" und seinen „Schauspieldirektor" (Aufführung der Wiener Kammeroper, Bearbeitung von Rainer Simons)[3]. Nicht zuletzt sei auf eine tschechische Fassung hingewiesen, die 1928 in Brünn gespielt wurde.

„Le Nozze di Figaro"

In mannigfachen Facetten sind „Le Nozze di Figaro" KV 492 in den 1920er Jahren ediert und gespielt worden. Carl Friedrich Wittmann begann den Reigen der Textbücher 1920 bei Philipp Reclam jun.[4] Hermann Levi (1839–1900) revidierte und bearbeitete teils neu um 1920 den Da Ponteschen Text.[5] Ins Finnische übersetzte Toivo Muroma 1922 das Libretto.[6]

Bemerkenswert ist 1922 ein Bühnenbild von Johannes Schröder (1883–1973) – er betrieb seit 1912 eine eigene Theaterkunstwerkstatt in Hamburg – für die Vereinigten Stadttheater Duisburg-Bochum (Inszenierung: Saladin Schmitt [1883 bis 1951], Intendant daselbst von 1921–1934]). „Die kühne Gestaltung basiert auf einem einheitlichen Prinzip. Die Vorderbühne stellt ein luftiges Treillage-Gitterwerk dar, in dessen Mittelöffnung die Zimmer hineingebaut werden und das sich im 4. Akt zum Gartenbild vervollständigt. Die Ausstattung des Zimmers der Gräfin ist bewußt reduziert; Stuhl, Hocker und Spiegelkommode in farblich dezenten Blau-, Weiß- und Goldtönen. Ohne der Illusion zu erliegen, ist die Rokokostimmung allzeit gegenwärtig." [7]

Als Festspielaufführung wurde „Die Hochzeit des Figaro" am 16., 20., 24. und 28. August 1922 im Salzburger Stadttheater (heute: Landestheater) in einer Aufführung der Wiener Staatsoper vorgestellt. Alfred Roller richtete die Wiener Dekorationen für das Stadttheater ein, Franz Schalk dirigierte, die Verständigungsproben leiteten Hans Breuer von der Wiener Staatsoper und Harry Stangenberg von der Königlichen Oper in Stockholm. In den Rollerschen Dekorationen, die ganz dem Jugendstil verpflichtet waren und in denen auch der „Rosenkavalier" hätte gespielt werden

---

1 Der Schauspieldirektor / Komische Operette in einem Aufzug / von / W. A. Mozart / Dichtung von Louis Schneider / Vollständiges Buch / Herausgegeben und eingeleitet von / Georg Richard Kruse / Verlag von Philipp Reclam jun. Leipzig / 63, (1) S. 8°
(Reclams Universal Bibliothek. 4739.) (Opernbücher. 7.)
Exemplar: Rostock, Universitätsbibliothek.

2 SendeSpiele / Eine periodisch erscheinende Folge wortgetreuer Text- / bücher zu den Sendespielen der Berliner Funk-Stunde / Jahrgang II Heft 1 / DER HÄUSLICHE KRIEG / Oper in einem Akt von FRANZ SCHUBERT / DER SCHAUSPIELDIREKTOR / Komische Operette in einem Aufzug von / W. A. MOZART / Für den Rundfunk eingerichtet von Cornelis Bronsgeest / Verlag Dr. WEDEKIND & Co. G.m.b.H., Berlin S 14 / S. 31–62, 8°
Exemplar: Wien, Stadtbibliothek.

3 Tagblatt-Bibliothek Nr. 531 / Operntextbuch Nr. 47 / [...] / Der Schauspieldirektor / Dichtung von Stephanie dem Jüngeren / Musik von / Wolfgang Amadeus Mozart / Bearbeitung der Wiener Kammeroper von Rainer Simons / Mit einer Einführung / STEYRERMÜHL VERLAG [Emblem] / Wien / 56 S. 8°
(S. 1–2 Titelblatt, S. 3–12 Einführung, S. 27–56 Text „Der Schauspieldirektor")
Exemplare: Wien, Österreichische Nationalbibliothek, Universitätsbibliothek.

4 Figaros Hochzeit / Oper in vier Aufzügen / von / Wolfgang Amadeus Mozart / Dichtung von Lorenzo da Ponte / (Knigge=Vulpius) / Vollständiges Buch / Durchgearbeitet und herausgegeben / von Carl Friedrich Wittmann / Leipzig / Druck und Verlag von Philipp Reclam jun. / 104 S. 8°
Exemplar: Budapest, Széchényi Nationalbibliothek.

5 Figaro's Hochzeit. / Komische Oper in vier Aufzügen / von / Wolfgang Amadeus Mozart. / Dichtung von Lorenzo da Ponte / Die Übersetzung teils revidiert, teils neu bearbeitet / von / Hermann Levi. / Leipzig / Druck und Verlag von Breitkopf und Härtel / 67, (1) S. 8°
(Breitkopf & Härtel's Textbibliothek. 260.)
Exemplar: Ottawa, National Library of Canada.

6 FIGARON HÄÄT / NELINÄYTÖKSINEN OOPPERA / SÄVELTÄNYT / W. A. MOZART / SANAT / LORENZO DA PONTE / SUOMENTANUT / TOIVO MUROMA / KUSTANTAJA: / SUOMALAINEN OOPPERA O.-Y. / [Helsinki 1922] / 56 S. 8°
Exemplar: Helsinki, University Library.

7 Wolfgang Pütz in: Rudolph Angermüller, Figaro. Mit einem Beitrag von Wolfgang Pütz: „Le Nozze di Figaro" auf dem Theater, München, Salzburg 1986, S. 127.

können, wurde bis 1941 gespielt – 1930 wurden die Bühnenbilder modifiziert.

Am 6. Februar 1923 nahm die Pariser Opéra-Comique „Les Noces de Figaro" wieder auf. Man spielte die Fassung von Paul Ferrier (1843–1920), die am 5. März 1919 Premiere hatte (Inszenierung: Albert Carré, Bühnenbild: Lucien Jusseaume, Kostüme: Marcel Multzer). Anstelle der Mozartschen Rezitative wurde in dieser Bearbeitung der Text von Pierre-Augustin Caron de Beaumarchais (1732–1799) gesprochen.

Eine revidierte Ausgabe des Da Ponteschen Textes von Anton Rudolph erschien 1924 in Dresden.[1] Beachtenswert war 1924 eine Aufführung der Städtischen Bühnen Frankfurt am Main.[2] Lothar Wallerstein (1882–1949) inszenierte Mozarts Opera buffa, Clemens Krauss (1893–1954) dirigierte. Die Bühnenbilder schuf der am 17. Mai 1887 in Hannover geborene Ludwig Sievert (1887–1968), der an der Aachener Kunstgewerbeschule studierte und seit 1904 als Bühnenmaler in Deutschland tätig war. 1912 wurde er künstlerischer Leiter der Werkstätten für Bühnenkunst in München, 1918 verpflichtete ihn Frankfurt am Main. Seine Bühnenbilder bezeugen die stilistische Entwicklung seiner Zeit. Von besonderer Bedeutung sind seine Bühnenbilder für Mozart-Opern, die neue szenische Lösungen bringen. Für die Frankfurter Aufführung der „Hochzeit des Figaro" schuf Sievert eine vereinfachte Rokokostilisierung. Das Zimmer im Schloß, fast ohne Requisiten, zeigt helle und lichte Farben. Die Inszenierung reduziert Mozarts Opera buffa auf das rein Menschliche.

Ludwig Wagner schreibt in seinem Buch „Der Szeniker Ludwig Sievert. Studie zur Entwicklungsgeschichte des Bühnenbildes im letzten Jahrzehnt", Berlin 1926, über Sieverts Arbeit: „Sievert versuchte eine neue Lösung, die völlig mit der Tradition brach. Er ging auf die Wurzeln der Musik zurück und fand als Urelement die tänzerische Bewegung, von der aus die dekorative Idee abgeleitet wurde. Er faßte das Werk als ironische Oper auf, als Bewegungsspiel sich fliehender und haschender Gruppen. Durch den ornamentalen Schwung der Dekoration kam das Graziöse und Spielerische der Musik rein zum Ausdruck. Die Bühne ist als Tanzraum gedacht, gleichsam selbst ein ironischer Schnörkel, in dem die Musik weiterklingt. Alles wird zur Kurve. Der Szenenraum ist als Oval gegliedert, auf das ein Podest aufgesetzt ist, das wie ein Fragezeichen den ganzen Rhythmus und den Schwung der tänzerischen Bewegung weiterleitet und tausend Regiemöglichkeiten bietet. [...]

Ruhepunkte für das Auge sind das dämmerig lauschige Boudoir der Gräfin, ein verträumtes Zimmer im gedämpften Licht mit duftigen Tüllvorhängen und einer lauschigen Nische, die zum lustigen Versteck der lauschenden Susanne wird und in der das Flüsterduett (Susanne=Cherubin) als entzückende Parlandoszene vorbeihuscht. Susannes Zimmer, in zwei Nischen ausgebuchtet, im einen Halbrund, auf etwas erhöhtem Podest der Stuhl mit dem Domino, im andern – Raum für das Bett (das aber noch nicht aufgestellt ist); ein paar Hutschachteln deuten den improvisierten Charakter an; alles atmet dieselbe musikalische Grundstimmung, die besonders im Weiß=Lila einer schmeichlerisch süßen Tapete und in einer graziösen Mitteltür betont ist, die nach außen ins Freie führt. Ein Rundvorhang aus blauer Seide deutet sublim die Außenwelt an). Die kostbare Schwingung der Form steigert sich unerhört im rauschenden Fest. [...] Kostbar luxuriöse Figurinen, die direkt aus der Musik herausgestiegen zu sein scheinen, wandeln in diesen farbigen Räumen, der liebedienerische Basilio, der seinen Mantel nach

---

[1] Figaros Hochzeit / Komische Oper in vier Aufzügen / von / W. A. Mozart / * 27. Januar 1756 in Salzburg / † 5. Dezember 1791 in Wien / Dichtung von Lorenzo da Ponte / Nach Beaumarchais' gleichnamiger Komödie / Revidierte Ausgabe mit Einführung und Noten= / tafeln herausgegeben von Anton Rudolph / Deutsches Verlagsbuchhaus / Dresden / 90 S. 8°
Exemplar: Berlin, Staatsbibliothek Preußischer Kulturbesitz.

[2] Bearbeitung für das Frankfurter Opernhaus. / Figaro's Hochzeit. / Oper in 4 Akten. / Dichtung von / Lorenzo da Ponte. / Musik von W. A. Mozart. / Nachdruck verboten. / Frankfurt a. M. / Verlag der Alfred Neumannschen Buchhandlung / E. v. Mayer. / Goethestraße 33. / 54 S. 8°
Exemplar: Detmold, Lippische Landesbibliothek.

dem Wind hängt, in einem Knallgelb, das sich lustig gegen die Wand absetzt, der Graf in einem flotten Jagdkostüm, das die ganze Eleganz der Zeit zum Ausdruck bringt, die Gräfin in einem Rausch von Tüll und Spitzen und einem zärtlich melancholischen Weiß=gelb, das ganz Ausdruck ihrer Stimmung ist.

Und welches Wunder ist das Finale. Blauviolette Nacht wölbt sich über dem liebesdurchflüsterten Park mit dem verschwiegenen lauschigen Pavillon, der zentral in die Mitte gesetzt ist. Die Halbkreistreppe mit Roskusbögen schwingt in einer tänzerischen Kurve nach oben und verschwimmt in Dämmer. Ein Farbenakkord in Grün und Violett ist die träumerische Dominante dieser schwülen Liebessommernacht." (S. 59–62)

Um 1924 übersetzte H. O. Osgood für das University Music House in Ann Arbor, Michigan, Da Pontes Text.[1] Als Rundfunk-Textbuch erschien „Figaros Hochzeit" 1925 in Hamburg[2], Paul Ferrier, Jules Barbier (1822–1901) und Michel Carré (1819–1872) hatten das Textbuch, das 1925 in Paris erschien und der Opéra-Comique seit dem 5. März 1919 als Grundlage diente, übersetzt[3] (siehe S. 46).

Hans Strohbachs († 1949) Bühnenbild für die Städtischen Bühnen Köln (Regie: Hans Strohbach, Dirigent: Eugen Szenkar [1891–1977]), 1926, lehnte sich an Sievert an. Einheitlichkeit, Stilisierung und helle Farben bestimmen das Bühnenbild Strohbachs. Pastellhaft gestaltete Leo Pasetti (1882–1937) seine Bühnenbilder für das Residenz-Theater in München am 27. Juni 1927 (Inszenierung: Kurt Barré [1889–1955], Dirigent: Hans Knappertsbusch [1888–1965]). Eine katalanische Übersetzung, die der Musik folgt, stammt von Costa Joaquim Pena (Barcelona 1927).[4]

Bemerkenswert für die Zeit war ein konstruktivistischer Einheitsaufbau für eine Drehbühne, die Gustav Singer 1928 für das Stadttheater Oberhausen plante. „Der Entwurf eines Drehbühnen-Aufbaues von Gustav Singer, ein Figaro-Projekt des Stadttheaters Oberhausen von 1928, zeigt eindeutig konstruktivistische Tendenzen. Singer hat sich schon früh mit den russischen Konstruktivisten (Tatlin und El Lissitzky) auseinandergesetzt und die Lösung des Raumproblems, ‚die Auseinandersetzung zwischen der dreidimensionalen, plastischen Form und Bewegungsraum des Menschen' [vergleiche dazu Helmut Grosse: Die szenischen Aktionsräume Gustav Singers, in: Gustav Singer: Szenische Entwürfe. Ausstellungskatalog. – Köln: Theatermuseum 1971], mittels Bühnengerüsten, geometrischen Spielflächen und blockartigen architektonischen Strukturen angestrebt. Die Verwendung primärer Farben wie Rot, Blau und Gelb, und die scharfe Trennung der Linien und Kanten unterstreichen die konstruktive Methode. Der Drehbühnen-Aufbau für ‚Die Hochzeit des Figaro' ist der ‚komischen Oper' angemessen. Singer verbindet spielerisch geschwungene, kurvige Formen mit kubischen Bauteilen zu einem Universalschauplatz."[5]

Am 10. Mai 1928 gab die Wiener Staatsoper ein Gastspiel im Palais Garnier in Paris. „Le Nozze

---

1   Exemplar: Washington, Library of Congress.
2   RUFU / TEXTBÜCHER / W. A. Mozart / Figaros Hochzeit / Für den Rundfunk bearbeitet / Heft 9 / Jahrgang 2 / 40 / Pfennig / 64 S. 8°
    (Rufu Textbücher. 9.)
    Exemplar: Leipzig, Universitätsbibliothek.
3   THÉÂTRE NATIONAL DE L'OPÉRA-COMIQUE / Les / Noces de Figaro / Opéra-Comique en quatre actes / D'APRÈS BEAUMARCHAIS / LIVRET DE / PAUL FERRIER, JULES BARBIER ET MICHEL CARRÉ / Conforme à la Version adoptée par l'Opéra-Comique / depuis le 5 Mars 1919 (Direction Albert CARRÉ) / MUSIQUE DE / V.-A. MOZART / Prix: 6 Francs net / CHOUDENS, ÉDITEUR / 30, BOULEVARD DES CAPUCINES, 30 / Tous droits d'exécution publique, de reproduction et d'arrangements réservés pour tous pays, / y compris la Suède, la Norvège et le Danemark / 1925 / 121, (1) S. 8°
    Exemplar: Paris, Bibliothèque et Archives de l'Opéra.
4   W. A. MOZART / Les noces de Fígaro / ÒPERA CÒMICA EN 4 ACTES / LLIBRE ITALIÀ DE / LORENZO DA PONTE / BASAT EN LA COMEDIA DE BEAUMARCHAIS / TRADUCCIÓ ADAPTADA A LA MUSICA / DE / JOAQUIM PENA / BARCELONA / 1927 / 190 S. 8°
    (Biblioteca L'Opera Clàssica. 5.)
    Exemplar: Barcelona, Biblioteca Central.
5   Pütz, a.a.O., S. 127.

di Figaro" wurden in einer deutschen Fassung von Hermann Levi vorgestellt (Inszenierung: Lothar Wallerstein, Dirigent: Robert Heger [1886–1978]).

1928 erscheinen gleich drei „Le Nozze di Figaro"-Libretti: Das „vollständige Buch" gab Georg Richard Kruse bei Philipp Reclam jun. heraus[1], nach Hermann Levi übersetzte Dezsö Vidor die Oper ins Ungarische[2], eine tschechische Übersetzung erschien in Prag.[3] Der Verleger A. Barion publizierte schließlich 1929 in Sesto San Giovanni bei Mailand ein italienisches Libretto dieser Oper.[4]

„Don Giovanni"

Mozarts zweiaktiges Dramma giocoso „Don Giovanni" KV 527, das im 19. Jahrhundert von Ernst Theodor Amadeus Hoffmann (1766–1822) als „Oper aller Opern" apostrophiert wurde, war auch in den 1920er Jahren ein „Dauerbrenner" auf nationalen und internationalen Bühnen. 1920 übersetzte František A. Urbánek KV 527 für Prag[5], am 1. Juni wurde „Don Giovanni" in kroatischer Sprache in Zagreb gespielt (Übersetzung von M. Nehajev). Am 12. Februar 1921 kam das Dramma giocoso in Riga auf die Bühne (lettische Übersetzung von Linards Laicens), am 24. November im Old Vic Theatre in London (englische Übersetzung von Edward Joseph Dent [1876 bis 1957]).[6] Bei Fritz Gurlitt in Berlin erschien 1921 ein Textbuch mit „zwanzig Zeichnungen von Max Slevogt [1868–1932]".[7] Ein Klavierauszug des „Don Giovanni" mit Lithographien von Hermann Ebers (1881–?) gab 1922 der Drei Masken Verlag in München heraus. Der Maler, Graphiker und Illustrator Ebers, in Leipzig geboren und in Haunshofen am Starnberger See ansässig, studierte an der Münchener Akademie, schuf Figürliches, Blumenstücke und Landschaften. Neben dem „Don Giovanni" illustrierte er unter anderem auch Eduard Mörikes (1804–1875) „Mozart auf der Reise nach Prag".

---

1 Figaros Hochzeit / Oper in vier Aufzügen / von / Mozart / Dichtung von Lorenzo da Ponte / (Knigge=Vulpius) / Vollständiges Buch / Herausgegeben und eingeleitet von / Georg Richard Kruse / Verlag von Philipp Reclam jun. Leipzig / 70 S. 8°
(Reclams Universalbibliothek. 2655.) (Operntexte. 3.)
Exemplar: Rostock, Universitätsbibliothek.

2 MAGY. KIR. OPERAHÁZ / FIGARO / HÁZASSÁGA / Vigopera 4 felvonásban / Szövegét irta: / LORENZO DA PONTE / Németre átdolgozta: / LEVI HERMANN / Forditotta: / VIDOR DEZSÖ / Zenéjét irta: / MOZART AMADEUS WOLFGANG / CSÁTHY FERENC / egyetémi könyvkereskedés és irodalmi vállalat rt. / Debrecen – Budapest / 1928 / Svövegkönyv / 96 S. 8°
(Magyar Királyi Operaház szövegkönyvei. 8.) Exemplar: Budapest, Széchényi Nationalbibliothek.

3 LORENZO DA PONTE / FIGAROVA / SVATBA / Komická zpívohra / o čtyřech dějstvích / Dle stejnojmenné veselohry / PETRA AUGUSTINA CARONA / DE BEAUMARCHAIS / Hudbu složil / WOLFGANG AMADEUS / MOZART / ZÁTIŠÍ / KNIHY SRDCE I DUCHA / 1928 / 91, (1) S. 8°
Exemplar: Prag, Universitätsbibliothek.

4 Le Nozze di Figaro / OPERA COMICA IN QUATTRO ATTI / PAROLE DI / LORENZO DA PONTE / MUSICA DI / Wolfango Amedeo Mozart / A. BARION – EDITORE / SESTO SAN GIOVANNI – MILANO / MCMXXIX / 36 S. 8°
Exemplar: Turin, Biblioteca Civica musicale „A. della Corte".

5 URBÁNKOVA BIBLIOTÉKA / OPERNÍCH A OPERETNÍCH TEXTŮV / ŘADA II., Svazek 21. / DON JUAN / Zpěvohra o 4 jednáních / Z vlaského Lorenza da Ponte přeložil / a pro české jeviště upravil / V. J. Novotný. / Hudba od W. A. MOZARTA. / Nový překlad. Čtvrté vydání. / V PRAZE 1920. / Nakladatelé / Fr. A. Urbánek a synové, české knihkupe tví pro / literaturu paedag. i hudební a pomůcky učebné / na Národní tridè č. 4 nové, vedle Narodního divadla. / Prvy česky závod hudební. / Hudební dodavatel zemského a Národního divadla. / 110 S. 8°
(Urbánkova bibliotéka operních a operetních textův. II/21.)
Exemplare: Brünn, Universitätsbibliothek; Prag, Nationalmuseum, Universitätsbibliothek.

6 The 'Old Vic.' Theatre / (ROYAL VICTORIA HALL) / PEOPLE'S OPERA, PLAY & LECTURE HOUSE / [...] Lessee and Manager [...] [...] LILIAN BAYLIS. / Thursday and Saturday, Nov. 24th and 26th, 1921, at 7.30. / Don Giovanni / (MOZART) / CONDUCTOR CHARLES CORRI. / PROGRAMME: PRICE THREEPENCE. / [...] VERSER & SONS, LTD., Printers /T.U.) Kennington Cross S.E. 11. / 6 S. 8°
Exemplar: Berlin, Staatsbibliothek Preußischer Kulturbesitz.

7 DON JUAN / HEITERES DRAMA IN ZWEI AKTEN / VON / LORENZO DA PONTE / MIT ZWANZIG ZEICHNUNGEN VON / MAX SLEVOGT / IN HOLZ GESCHNITTEN VON / REINHOLD HOBERG / TEXTBUCH AUS DER DRUCKEREI DER TAUBSTUMMEN, WIEN, 1788 /VERLEGT BEI FRITZ GURLITT / BERLIN 1921 / 130, (4) S. 4°
Exemplare: Salzburg, Bibliothek der Internationalen Stiftung Mozarteum; Berlin, Universitätsbibliothek der Humboldt-Universität; Tübingen, Universitätsbibliothek.

Die Pariser Opéra-Comique nahm am 7. Januar 1922 „Don Juan" wieder auf. Gespielt wurde die Fassung von Paul Ferrier (2 Akte und 9 Bilder) aus dem Jahre 1912. Auch das Bühnenbild (Lucien Jusseaume und Bailly) und die Kostüme (Marcel Multzer) stammten von 1912.

Mozarts „Don Giovanni" war die erste Oper, die auf dem Spielplan der Salzburger Festspiele stand – Premiere im Stadttheater war am 14. August 1922. Richard Strauss dirigierte, Hans Breuer inszenierte und Alfred Roller schuf die Bühnenbilder für diese Produktion der Wiener Staatsoper. Elsa Bienenfeld hat im „Neuen Wiener Journal" am 17. August 1922 über diese Premiere so berichtet:

„Ein Teil der Wiener Staatsoper ist nach Salzburg übersiedelt. Dort führen sie gegenwärtig vier Opern von Mozart auf. Fremde, Ausländer kommen in Scharen. Die Preise schnellen in die Höhe. Die Salzburger schimpfen. Ihre Vorstellungen vom Fremdenverkehr konzentrieren sich in dem Wunsch: von den Fremden leben und sie hinauswerfen.

Am Tage seiner Generalprobe fährt Richard Strauss beim Theater vor. Er kommt vom Land herein, im Autodreß. Sofort sitzt er am Pult. Man gibt den ‚Don Juan'. Im letzten Augenblick war eine Donna Anna requiriert worden. Frau Kämp hätte kommen sollen; sie hatte abgesagt. Frau [Gertrud] Kappel [1884–1971] war in der Eisenbahn ausgeplündert worden; ihr war die Lust vergangen, Theater zu spielen. Eine blutjunge Sängerin aus Köln, Fräulein [eigentlich Frau Rose] Pauly[-Dresden, geb. Pollak, 1894–1975], mußte rasch vorbereitet werden. Sie sang dann ausgezeichnet.

Man konnte diese ‚Don Juan'-Aufführung eine Improvisation nennen. Drei verschiedene Textübersetzungen, ungleichmäßige Appoggiaturen waren schon die äußeren Zeichen der flotten Sorglosigkeit. Strauss, noch nicht recht bei der Sache, nahm die Ouvertüre auffallend rasch, fast ganz ohne heroischen Akzent. Doch bald fing Mozarts Zauber an zu wirken. In dem kleinen Haus klang jeder Ton, zündete jede Pointe. [Richard] Mayr [1877–1935] gibt den Leporello. Ein Strom von Herzenswärme ergießt sich ins Haus. In seiner Stimme schwingt Güte, und man versteht, daß Leporello ein Tröster ist. Den Don Juan spielt [Hans] Duhan [1890–1971]. Er hat sich eine neue Maske zurechtgelegt, ohne Bart, ohne Perücke, fast ohne Schminke; zugleich auch eine neue Auffassung. Sein Don Juan ist jung, heiß, werbend, lebens- und liebesstrotzend. Mozarts Held mit der Baritonstimme könnte auch reifer, männlicher sein. Nicht der Verführer um der Verführung und des schönen Abenteuers willen. Auch nicht der tragische Erotiker mit der ewig ungestillten Sehnsucht, wie er seit E.T.A. Hoffmann gedeutet wird. Sondern der Sieger, dem alles zufliegt, die Frau und das Glück, und der nimmt, was und wie es eben kommt. Duhans Don Juan ist mehr ein heiterer als tragischer Held, ein stürmischer Liebhaber, weshalb auch seine Champagnerarie, die er unter brausendem Beifall sang, das hinreißendste Stück des Abends war. Unter den Frauen um ihn konnte Frau [Claire] Born [geb. 1898] naturalistische Züge in die Aufführung tragen. Man weiß, wie Lert, der Mozart-Dramaturg, die Anhänglichkeit der Pseudogattin gynäkologisch ausdeutet. Die kleine Frau [Lotte] Schöne [1891–1977] war ein reizendes Zerlinchen. Aufsehen erregte Herr [Richard] Tauber [1891–1948] mit seiner Ottavio-Arie. Strauss hatte in ihre Begleitung einen Klavierpart hineinkomponiert. Das war sehr reizend.

Wunderbar hob sich die Stimmung des Abends. Sänger, Dirigent, Instrumentalisten, Hörer, wie alle gerieten ins Feuer. Strauss, der Musiker, entzündete sich an Mozart, immer heller und strahlender, immer lebhafter wurde die Aufführung, überschäumend an Temperament. Eine fast tolle Glücksstimmung lag in der Luft. Zu dieser jubelnden Auffassung hätte Mozarts Original-Buffo-Schluß gepaßt. Einige Proben hätten ihn vielleicht ermöglicht. Schade, daß Strauss ihn nicht wenigstens in Salzburg restituierte. Dagegen restituierte Roller in den Dekorationen die flankierenden Türme."

Der Berliner Architekt, Kunstgewerbler und Bühnenmaler Hans Poelzig (1869–1936), der 1920 ein Salzburger Festspielhaus bauen sollte –

dazu kam es nicht –, schuf eine „Don Giovanni"-Ausstattung für die Berliner Staatsoper Unter den Linden (8. Februar 1923, Inszenierung: Franz Ludwig Hörth [1883–1934], Dirigent: Egon Pollak [1879–1933]). Sein Grundgedanke war, „Architektur und Vegetation ineinander überzuführen, das heißt Bäume zu ornamentalen Konturen zu fassen und Architektur auszuspritzen, in den Linien Mozartscher Musik sich bewegen zu lassen".

Karl Scheffler berichtete über diese Aufführung im 7. Heft von „Kunst und Künstler" 22 (1923): „Die Operngestalten laufen in konventionellen Theaterkleidern zwischen den Märchenornamenten in Riesendimensionen umher und sehen peinlich kurios aus. Wenn die Sänger vor ungeheuren ornamentalen Baumzweigen stehen, wenn der Chor vor den wild gewordenen Rokokogiebeln singt, so werden die Menschen von den in bengalischen Farben schillernden Riesenarabesken einfach aufgefressen. Übergroße Gargantuagestalten mögen in diese Grottensäle hineinpassen, der Theatralik Wagners mag diese brutal zugreifende Expressionistenromantik mehr angemessen sein, zum dissonierenden Höllenspektakel gewisser Ganzmoderner mag man diese Kinophantastik ertragen; Mozart fordert aber feinere Hände, zärtlichere Herzen, eine edlere Einbildungskraft. Poelzigs talentvolle Rauschlust, die sich nicht ohne imposante Züge im Großen Festsaal, in der Dekoration der letzten Szene äußert, seine oft durchblickende Architektenfähigkeit macht den Fall nur schlimmer. [...] So kaskadenhaft Poelzig sein massiges, schaumiges Rokokoornament auch über den Zuschauer ausschüttet: es bleibt immer bemalte Pappe, anilinfarbig angestrahlt vom grell durch die Buntscheibe fallenden Licht."

1923 entwirft der Architekt Oskar Strnad (1879–1935) Dekorationen für Paris, Salzburg und Wien, die von einem barocken Rahmen eingefaßt werden. Er schreibt über seine Arbeit: „Der Raum als solcher wird aktiv [...], Straße, Zimmer, Lampe, Treppe, Bäume, Felsen leben durch die Körperlichkeit im selben Raum und im selben Licht wie der Spieler. Sie rücken mit ihm vor und verschwinden mit ihm. Sie nehmen die Raumsituation an, die er annimmt, sie sind so lange wichtig, solange sie aktiv sind, sie werden unwichtig, wenn sie nicht mehr mitspielen [...]. Die Szene darf nicht im Sinne des Bildmäßigen eine geschlossene Raumsituation vortäuschen. Sie ist selbst Raum."

Am 28. Mai 1924 gastiert die Wiener Staatsoper im Pariser Théâtre des Champs-Élysées (deutsch gesungen). Max Slevogt entwirft im gleichen Jahr das Bühnenbild für Dresden (Premiere: 17. April, siehe S.24–26 und Abbildung 4–12).[1]

Die Besetzung dieser denkwürdigen Aufführung war:

Don Giovanni	Robert Burg (1890–1946)
Der Komtur	Willy Bader
Donna Anna	Charlotte Viereck
Don Ottavio	Max Hirzel
Donna Elvira	Elise Stünzner (1886–1975)
Leporello	Ludwig Ermold
Masetto	Robert Büssel
Zerlina	Grete Nikisch
Der Haushofmeister des Komturs	Friedrich Ernst
Die Kammerfrau der Donna Anna	Ida Weinert
Die Kammerzofe der Donna Elvira	Stefanie Oberhel
Erster ⎤ Diener	Carl Hagemann
Zweiter ⎥ Don	Hans Rudolph
Dritter ⎥ Giovannis	Hubert Florack
Vierter ⎦	Fritz Seifert
Ein Diener Don Ottavios	Justus Hahn
Ein Wirt	August Seiter

Bauern, Bäuerinnen, Spielleute, Diener.
Schauplatz: Umgebung von Sevilla.

---

1   Mozart / Don Juan / Neues Operntextbuch / Nr. 28 / Welt=Bibliothek [Dresden] / 60 S. 8°
    (Welt=Bibliothek. 28.)
    Exemplar: Berlin, Staatsbibliothek Preußischer Kulturbesitz.

Begleitung der Secco-Rezitative:
    Richard Engländer (1889–1966).
Bühnenbilder und Trachten nach Entwürfen
    von Prof. Max Slevogt.
Musikalischen Leitung: Fritz Busch.

Über seine Inszenierung des „Don Giovanni" hat Max Slevogt an die Schriftleitung der Zeitschrift „Melos" (4, Berlin, 1. Oktober 1924, Heft 3, S. 173–176), geschrieben: „Ihr Vorschlag, mich über meine Inszenierung des Don Giovanni zu äußern, hat einen gewissen Reiz für mich, wobei ich Ihnen offen gestehen will, daß mir alles Fachmännische, auch die Literatur über diesen Stoff, gänzlich fremd geblieben ist. Mit Absicht habe ich dieses ganze Material übersprungen, weil ich der Meinung bin, daß eine gewisse Unbefangenheit dem allem gegenüber am ehesten zu der Auffassung führt, die unserer Zeit entspricht. Denn Don Giovanni, das ‚drama giocoso', wird immer eines der größten Probleme der Operngeschichte bleiben.

Zunächst möchte ich mich nur mit dem Teile beschäftigen, der f ü r d a s A u g e bestimmt ist, den man also unter Dekoration, Kostümen und Beleuchtung versteht.

Es scheint mir von Grund auf ein Irrtum zu sein, daß alle Kräfte, die mit dem Theater und der Aufführung zu tun haben, die Arbeit des Dekorateurs für die äußerlichste halten. Sie scheint für die Betreffenden nur dazu da zu sein, um ihre anderweitigen Leistungen herauszuheben. In der Tat ist es ja im allgemeinen für die Oper durchaus genügend, wenn in einem relativ geschmackvollen Rahmen ausgezeichnete Sänger und ein ausgezeichnetes Orchester die eigentlichen Träger der Wirkung sind. Wie ich aber Mozarts eigenartige Schöpfung auffasse, ist sie so weit von jedem Opern- und Theaterschema entfernt, daß – gleichviel, ob Mozart sich dessen bewußt war oder nicht – dem Dekorativen die Aufgabe einer eigenen Selbständigkeit eingeräumt werden muß. So schien es mir gestattet, auf diesem Gebiet hier nicht in der üblichen dienenden Stellung aufzutreten (so wenig auch eine Vordringlichkeit entstehen durfte), sondern von dem Recht Gebrauch zu machen, das auch Kapellmeister, Sänger und Regisseur in Anspruch nehmen, nämlich p e r s ö n l i c h zu gestalten, selbstverständlich von der Musik Mozarts und seiner dramatischen Idee ausgehend. Es konnte sich also auch nicht darum handeln, die Bühnenskizzen irgendeiner, wenn auch noch so bewährten Theaterfirma zur Ausführung zu übertragen, sondern gerade hier sollte eine persönlichen Anschauung zum Ausdruck gebracht werden, die Dekoration sollte gleichsam etwas von der Handschrift des Künstlers tragen mit einem Wort: die ganze Inszenierung sollte auf E r f i n d u n g gestellt sein.

Der erste Auftritt der Oper versetzt uns schon in den dramatischen Höhepunkt der Schuld des Helden. Trotzdem bleibt er nur ein Vorspiel, und die Dekoration muß den Charakter des Unbestimmten, Stürmischen, kennzeichnen. Ein Gitter gegen den düsteren Nachthimmel, das den Begriff des Eindringens unterstreicht, und die Treppe zu Donna Anna's Zimmer dünkten mir genügend.

Erst die nächsten Auftritte geben die Einführung in das ganze Milieu und gleichzeitig den Schauplatz, auf dem sich die letzten Stunden des Helden abspielen sollen. Hier genügt das Gasthaus, an dem sich alle Wege kreuzen, und als Gegenüberstellung das Haus des Helden mit dem Park, von dem aus er wie ein Raubritter von seiner Burg herab alles übersieht und s t e t s g e g e n w ä r t i g s e i n k a n n. Hier war von dem sehr richtigen Standpunkt des Regisseurs auszugehen, der alle kommenden Szenen und Verwandlungen auf e i n e n Schauplatz zusammengezogen wünschte, genau so, wie im zweiten Akt die Rückseite des Gasthofes, an das der Eingang zum Friedhof angrenzt, den Schauplatz verschiedener Szenen abgeben muß.

Das Finale des ersten Aktes sollte nicht nur die Dekoration eines Festsaals, sondern eine bildliche Verkörperung der ungeheuren Lebensfreude des Don Giovanni geben. Das Stück, das an sich durchaus nicht historisch ist, soll wohl in der Zeit der Renaissance spielen. Für die Darstellung scheint mir aber der Renaissance-Stil zu streng gebunden, und ich habe daher einem überquellenden Barock den Vorzug gegeben, aber einem Barock, den ich erfand, um das Ganze möglichst zeitlos zu halten. Von hier aus stellte sich selbstverständlich die Forderung ein, auch die Kostüme in gleichem Sinn zu erfinden.

Dieselbe Freiheit einer Art Symbolisierung führte zu der Darstellung der Statue des Komthurs, die in ihrem übertriebenen Ausmaß bereits eine Ahnung der Welt des Übersinnlichen geben wollte. Das oft versuchte Problem des Schlusses mit dem Septett bemühte ich mich durch das Medium des Lichtes zu lösen, das in den selben Raum, in dem sich das Gastmahl des Don Giovanni, die furchtbare Szene mit dem steinernen Gast und der Abschluß der überlebenden Alltäglichkeit abspielen, jedesmal eine ganz andere Stimmung brachte durch die sich von selbst gebende Wandlung eines von Kerzen intim beleuchteten Zimmers in einen verdunkelten und schließlich in einen vom Tageslicht überströmten Raum. Die naiv vorgeschriebenen höllischen Mächte, vor denen der Komthur den Don Giovanni retten will, suchte ich zu verdeutlichen durch das einfache Mittel eines Transparents, das nach dem Verschwinden des Komthurs die Wände des Gemachs durchsichtig erscheinen und in unbestimmtem Licht eine Teufelsfratze und Teufelskrallen ahnen läßt. Wenn dieser Versuch nicht ganz gelang, so scheint mir die angedeutete Idee doch die richtige zu sein. In einem Stück, in dem wir eine Statue singen hören, ist auch der Teufel am Platze.

Überhaupt möchte ich die Wirkung der Ausnützung des Lichtes als eine der Wirkung des Orchesters am nächsten kommende bezeichnen, und wenn man sich entschließen würde, den großen musikalischen Linien auch in der Beleuchtung nachzugehen, anstatt sich durch alle möglichen Finessen der modernen Beleuchtungstechnik zu zersplittern, so ließe sich eine Dekoration mit den einfachsten Mitteln denken, die all dem unsicher experimentierenden Theaterunfug von heute ein erfreuliches Ende bereiten würde, ohne in eine künstliche Enthaltsamkeit zu verfallen. Ausdrücklich sei dazu bemerkt, daß ich um keinen Preis auf das altmodische Rampenlicht verzichten möchte, das allein dem Theater die notwendige unwirkliche Distance gibt und zugleich dem einfachen Bedürfnis des Zuschauers Rechnung trägt, den Mund und die Mimik des Darstellers zu sehen.

Alles das führt dazu, eine Einheit zu wünschen von Kapellmeister und Maler, nicht eine solche von Regisseur und Maler – natürlich am besten eine Einheit von allen dreien. Auch das dramatische Geschehen auf der Bühne ist der nachschaffenden Phantasie des Malers noch viel zu sehr entzogen. Die Eigentümlichkeit aller ganz großen Werke ist doch gerade die, daß jede Zeit sie wieder anders schaut, ohne daß sie selbst sich ändern. Eine romantische Auffassung des Don Giovanni, wie sie etwa ein E.T.A. Hoffmann hegt, bedingt einen andern Helden und damit auch eine andere Dekoration. Auch die Auffassung von einem Helden, der nur exzelliert durch seine zahllosen erfolgreichen Liebesabenteuer, des Don Juan der großen Oper, erscheint uns heute verblaßt, zumal wir – gerade im Sinne des drama giocoso – nur Zeugen seiner dauernden Mißerfolge sind. Ich möchte vielmehr das Element hervorheben, das Mozart selbst als ‚giocoso' bezeichnet hat. Die ungeheure Luftigkeit und Elastizität des Helden, der jede Situation, ob gut oder schlecht für ihn, stets nur zu seiner Unterhaltung und zu seinem Vergnügen dreht, der im Bewußtsein dieser ungeheuren Lebenskraft vor keiner Sitte, vor keinem Gesetz Halt macht, und für den seine Nebenmenschen nur dazu auf der Welt sind, daß er sein Spiel und seinen Spaß mit ihnen treibt – sie bilden den Boden, auf dem sich alles abspielt! Don Giovanni hat eigentlich gar keinen Gegenpart unter seinen Mitspielern; er meistert sie alle, und er rührt in allen diesen mehr passiven Naturen erst jene Gefühle auf, deren Zeugen wir sind, und die wir in den Arien u.s.w. genießen. Er ist der Herrenmensch, der alle quält, mit allen spielt, und doch durch seinen bezwingenden, überschäumenden Übermut alle an sich fesselt, und zwar Frauen wie Männer! Man denke an Leporello, den er unermüdlich benützt, schlecht bezahlt und schlecht behandelt, und der sich doch nicht von ihm trennen kann. In Don Giovanni ist die Kraft, die das Leben lebenswert macht. Vor nichts und vor niemand aber macht er Halt; jede sittliche Idee verachtet er, bis sich diese für die Zuschauer durch seine Vernichtung doch durchsetzt. Nur von einer solchen Betrachtung aus kann ich mir eine einheitliche Wirkung des Ganzen denken. Der vielumstrittene Schluß ist eine absolute Notwendigkeit; denn in dem Moment, da der H e r r nicht mehr da ist, gehen die andern ihrem durch ihn – und nur durch ihn – gestörten und unterbrochenen Alltagsleben wieder nach."

Karl Scheffler schrieb im 22. Heft (1924) von „Kunst und Künstler" über „Slevogts Dekorationen zu Mozarts Don Giovanni" unter anderem: „Zum ersten fand Slevogt den rechten Stil. In einer Zeit, wo so überschwänglich viel vom Stil der Inszenierung die Rede ist, weil dieser Stil nicht mehr lebendig wachsen will. Der Regisseur ist heute der wichtigste Mann am Theater, er stilisiert die Bühne programmatisch. Auf der einen Seite gibt es die greifbar wirkliche Dekoration, den Himmel des Kuppelhorizonts, davor täuschend aufgebaute Häuser, plastische Baumstämme, Rasen, worin der Fuß des Schauspielers versinkt und natürlich rieselndes Wasser; auf der andern Seite gibt es Szenerien lang herabhängender Vorhänge und kahler einfarbiger Wände. Dort ist der Realismus in letzter Konsequenz, hier ist die reine kubistische Abstraktion. Das Theater kennt nur noch die Extreme, das Zuviel oder das Nichts, das Überdeutliche oder das Wesenlose, es bleibt der Einbildungskraft der Zuschauer nichts zu tun oder alles. Zu kurz kommt in jedem Fall die lebendige Illusion. An sie hat Slevogt sich gewandt. Es war eine Wohltat, in Dresden statt des Kuppelhorizonts mit hart ausgeschnittenen Gebäuden davor, einen gemalten Prospekt als Hintergrund zu sehen und statt mit Wirklichkeitsimitation oder Abstraktion, mit einer melodisch beschwingten Malkunst zu tun zu haben, die dem Geiste der Musik antwortet. Es gibt einen wundervollen Aufsatz von Goethe: ‚Über Wahrheit und Wahrscheinlichkeit der Kunstwerke', der hauptsächlich von der Theaterdekoration handelt. Man kann daraus in diesem Fall Nutzanwendungen ziehen. Slevogts Dekorationen wirken schon dadurch, daß sie grundsätzlich das Richtige tun, daß sie darauf ausgehen, das Kunstwerk Mozarts auch von seiten der Malerei ‚mit sich selbst in Übereinstimmung' zu bringen.

Die Durchführung entspricht der Absicht. Slevogts Dekorationen schließen sich älteren Traditionen an, doch tun sie es frei; sie sind neu und originell, doch drängt sich die Originalität nicht hervor; sie betonen das Spanische, aber sie tun es nur wie nebenbei und gar nicht kulturhistorisch; sie haben etwas vom Geist der Renaissance und des Rokoko, aber auch den Geist von heute und morgen; sie geben Wirklichkeit und zugleich Unwirklichkeit, sie beschäftigen das Auge geistreich, ohne es zu okkupieren, sie grenzen jedes Lokal nachdrücklich ab, und sind doch alle aus demselben Geiste der Musik geboren. Jedes Bühnenbild ist ein schönes Ganzes, aus drei oder vier Haupttönen nur gestaltet, aber darum um so eindrucksvoller. Besonders gut fügen sich die Kostüme ein. Ihre einfachen Farben sind von vornherein für die Gesamtwirkung mitberechnet. Die Farben der Hintergründe kehren in den Kostümen als balancierende Akzente plastisch vor den flächigen Hintergründen wieder. Und es entstehen aus dem Gesamtbild, durch die Verschiebungen im lebendigen Spiel, immer neue Bilder. Um so mehr als das Licht geistreich mitspielt. Slevogt hat sich nicht begnügt, die Entwürfe zu liefern und der Ausführung die letzte Vollendung zu geben, er hat viele Beleuchtungsproben gemacht und das Licht in seine künstlerische Rechnung einbezogen. Man spürt dem Spiel des Lichts an, daß es persönlich gemischt, daß es künstlerisch ausgenutzt ist. Weder die Malerei noch das Licht ziehen die Aufmerksamkeit aber ungebührlich zu sich hin; im Gegenteil, sie wirken auf die Handlung und auf die Musik konzentrierend. Die Dekorationen wirken weder laut noch sensationell, sie sind leicht und in all ihrem festlichen Glanz diskret; es ist als hätte sich der Geist der Musik eine romantische Umwelt gedichtet, als sei das Akustische optisch geworden. Der sieghafte Jubel der Musik selbst in der Klage und im Schrecken ist auch in der Malerei; wie die Dichtung so scheinen auch die Dekorationen zu sagen: es ist nicht so schlimm, es ist alles nur heiteres Gleichnis.

Die erste nächtliche Szenerie, die Don Giovanni und Donna Anna auf der Treppe zeigt, im ungewissen Doppellicht des Mondes und einiger Kerzen, prägt sich ein wie ein romantisches Bild, das Leben gewonnen hat. Es erinnert an jenen Slevogt, der mit Delacroix zusammenhängt. Gleich hier begibt sich, was in der Folge anhält: der Zuschauer vergißt alles, was er in früheren Aufführungen des Don Giovanni gesehen hat; was er vor Augen hat, zwingt ihn in die Vorstellung des Künstlers und er fühlt: so muß es sein. Das bleibt auch so vor der besonders gefährlichen Szenerie des zweiten Auftritts, die so vielen verschiedenen Bedürfnissen dienen soll. Es bleibt diese weite, farbigsonnige Landschaft jenseits einer hohen Mauer und zum Schloß führender Terrassen fest im Gedächtnis, was man von Theaterlandschaften sonst gewiß nicht sagen kann. Ein Glanzstück ist der reiche, aber nicht übertrieben reiche Festsaal mit prachtvoll barocker Treppenanlage, Emporen für die Musiker und üppigen Skulpturenschmuck, dessen Mittelpunkt ein Relief, Leda mit dem Schwan, bildet. Die Treppen sorgen dafür, daß die Masse der Gäste, wie sie in Bewegung bleibt, beständig neue und schöne Bilder gibt, daß im Bild immer neue Bilder entstehen. Die Friedhofsszenerie mit dem überlebensgroßen Reiterbildnis des Komturs, eine auf drei Töne gebrachte Mondscheinlandschaft von unendlich weichkräftigem malerischen Reiz, macht nicht weniger Eindruck wie jener berühmte Schinkelsche Prospekt zur Zauberflöte, auf dem die große Sphinx im Nil dargestellt ist. Diese Lösung wird nicht leicht überboten werden können. Glänzend gelöst, bis auf ein paar Kleinigkeiten, ist endlich auch die komplizierte Schlußszenerie, die Stätte des Nachtmahls, des Untergangs Don Giovannis und des Schlußsextetts. Nichts kann heiterer und befreiender, opernhafter und doch weniger theatralisch im schlechten Sinne sein, als der Wechsel des Lichts, wenn nach der Vernichtung des Helden plötzlich helle Sonne durch die hoch angebrachten Fenster fällt, wenn sie den Fleck leer zeigt, wo Don Giovanni hingestürzt war und den Raum mit einem neuen Tag erfüllt. Dieses ist einer von jenen Lichteffekten, die künstlerisch gedacht sind, die unmittelbar wirken und zugleich gleichnishaft sind."

Paul Cassirer gab noch im gleichen Jahr in Berlin die Lithographien zu den Bühnenbildern und Kostümen heraus.

Als farbenfroh können die Entwürfe des Malers, Bildhauers, Bühnenbildners und Graphikers Hans Wildermann (1884–1954) für Dortmund (1924) bezeichnet werden. In die gleiche Kerbe schlägt Leo Pasetti in München 1925 (Inszenierung: Max Hofmüller [1881–?], Dirigent: Karl Böhm [1894–1981]). Kubistisch sind die Figurinen von Günter Hirschel-Protsch aus dem gleichen Jahr für das Stadttheater Breslau (Inszenierung: Heinz Tietjen [1881–1967], Dirigent: Ernst Mehlich [1888–?]).

Slowenisch wurde „Don Giovanni" am 24. Januar 1925 in Laibach gegeben. Cornelis Bronsgeest bearbeitete 1925 KV 527 für den Rundfunk[1], in Leipzig erschienen in diesem Jahr Ausgaben von Carl Friedrich Wittmann[2] und Georg Richard Kruse[3].

---

1   Die / Sendespielbühne / DON JUAN / Von / W. A. MOZART / Mit Bühnenbildern und einem Porträt Mozarts / Für den Rundfunk bearbeitet von / Cornelis Bronsgeest / BERLIN, DR. WEDEKIND & CO., G. M. B. H. / BERLIN S 14, DRESDENER STRASSE 43 / 62 S. 8° (Die Sendespielbühne. I/2.) Exemplar: Karlsruhe, Badische Landesbibliothek.

2   Don Juan / Oper in zwei Aufzügen / von / Wolfgang Amadeus Mozart / Dichtung von Lorenzo da Ponte / (Rochlitz=Schmidt) / Vollständiges Buch / Durchgearbeitet und herausgegeben / von Carl Friedrich Wittmann / [hs.: Neue Ausgabe] / Leipzig / Druck und Verlag von Philipp Reclam jun. / 99, (1) S. 8° (Universal-Bibliothek. 2646.) Exemplare: Erlangen, Universitätsbibliothek; Budapest, Széchényi Nationalbibliothek.

3   Don Juan / Oper in zwei Aufzügen / von / Wolfgang Amadeus Mozart / Dichtung von Lorenzo da Ponte / (Rochlitz=Schmidt) / Vollständiges Buch / Herausgegeben und eingeleitet von / Georg Richard Kruse / [hs.: Neue Ausgabe] / Verlag von Philipp Reclam jun. Leipzig / 80 S. 8° (Reclams Universal=Bibliothek. 2646.) (Operntexte. 2.)
   Exemplare: Brünn, Universitätsbibliothek; Berlin, Universitätsbibliothek der Humboldt-Universität; Rostock, Universitätsbibliothek; Warschau, Universitätsbibliothek.

Auch in der Wiener „Tagblatt-Bibliothek" erschien 1925 ein deutsches Libretto.[1]

Dem Bauhaus-Stil verpflichtet ist der Maler, Bühnenbildner, Holz- und Linolschneider Ewald Dülberg (1888–1933), der „Don Giovanni" für Wiesbaden 1925 und die Berliner Staatsoper am Platz der Republik (Kroll-Oper) 1928 ausstattete (11. Januar, Inszenierung und Dirigent: Otto Klemperer [1885–1973]). Dülberg, in Schwerin geboren, begann sein Studium an der Münchener Akademie. 1912 berief man ihn in den künstlerischen Beirat für Ausstellungswesen am Hamburger Stadttheater, 1922 als Lehrer an die Kasseler Akademie. Neben seiner Tätigkeit als Bühnenausstatter – unter anderem „Tristan und Isolde", „Lohengrin", „Der Ring des Nibelungen", „Faust", „Oberon", „Don Giovanni", „Die Zauberflöte" – porträtierte er und schuf kraftvolle Holz- und Linolschnitte.

In seinem Rundfunkvortrag vom 4. August 1931 „Die Bühnendekoration der Gegenwart", gehalten für die Berliner Funkstunde (Manuskript), sagte Dülberg: „[...] Vorweg muß ich allerdings ein Geständnis machen, selbst auf die Gefahr hin, daß meine sehr geschätzten Collegen mich, treffen sie mich von nun an auf der Straße, mit unerwünscht harten Gegenständen bewerfen. Ich halte nämlich die Wichtigkeit dessen, was man mit Recht als Bühnendekoration bezeichnen könnte, heute für maßlos überschätzt. Wie sonst wäre es möglich, daß das Theater, dessen Entwicklung als Wirkungsstätte dramatischer Kunst wir durch ungefähr zweieinhalb Jahrtausende verfolgen können, über zweitausend Jahre von diesen zweieinhalb Tausend ersichtlich ohne Bühnendekoration ausgekommen ist?"

Mit Kurven und Wellen arbeitete der Dekorationsmaler Ludwig Sievert 1926 für die Städtischen Bühnen Frankfurt am Main (Inszenierung: Lothar Wallerstein, Dirigent: Clemens Krauss).

1926 übersetzte Vilhelm Wanscher KV 527 ins Dänische[2], Ottohans Beier illustrierte ein Radiotextbuch für München[3] und Rainer Simons bearbeitete den Da Ponteschen Text neu.[4]

1927 bearbeitete Hans Bodenstedt den „Don Giovanni" für den Rundfunk[5], František A. Urbánek legte eine tschechische Übersetzung vor[6].

Am 8. Mai 1928 nahm die Pariser Opéra „Don Juan" wieder auf. Es wurde noch immer die Fassung von François Henry Joseph Castil-Blaze (1784 bis 1857) und Émile Deschamps (1791–1871), die am 29. November 1875 Premiere hatte, ge-

---

1   Tagblatt-Bibliothek Nr. 166. / Operntextbuch Nr. 12. / Don Juan / Oper in zwei Aufzügen / von / LORENZO DA PONTE. / MUSIK / von / Wolfgang Amadeus Mozart. / Wien, 1925. / 73, (1) S. 8°
    (Tagblatt-Bibliothek. 166.) (Operntextbuch. 12.)
    Exemplare: Wien, Universitätsbibliothek; Berlin, Staatsbibliothek Preußischer Kulturbesitz.

2   VILHELM WANSCHER / OM / MOZARTS / DON GIOVANNI / MED / OVERSÆTTELSE AF / DA PONTES / TEKST / P. HAASE & SON. KØBENHAVN / 1926 / 107, (1) S. 8°
    (Text S. 45–107).
    Exemplare: Oslo, Universitätsbibliothek; Göteborg, Universitätsbibliothek; Stockholm, Kungliga Musikaliska Akademiens Bibliothek.

3   W. A. Mozart / Don Giovanni / Illustriertes Textbuch / mit Szenenbildern von / Ottohans Beier / 86 S. 8°
    (Radiotextbücher. 29.)
    Exemplare: Berlin, Staatsbibliothek Preußischer Kulturbesitz; München, Universitätsbibliothek.

4   Don Juan / Oper in zwei Aufzügen / von / LORENZO DA PONTE. / Mit Benützung der Rochlitz'schen Übersetzung neu bearbeitet von Rainer Simons. / MUSIK / von / Wolfgang Amadeus Mozart. / 9. bis 18. Tausend. / (Wien 1926) / 76 S. 8°
    (Tagblatt-Bibliothek. 166.) (Operntextbuch. 12.)
    Exemplare: Brünn, Universitätsbibliothek; Prag, Universitätsbibliothek.

5   RUFU / TEXTBÜCHER / Don Juan / von / Wolfgang Amadeus Mozart / Dichtung von Lorenzo da Ponte / Für den Rundfunk bearbeitet von / HANS BODENSTEDT / RUFU-Verlagsgesellschaft m. b. H., Hamburg 36 / 78 S. 8°
    (Rufu Textbücher. III/23.)
    Exemplar: Leipzig, Universitätsbibliothek.

6   URBÁNKOVA BIBLIOTÉKA / OPERNÍCH A OPERETNÍCH TEXTŮV. / ŘADA II., SV. 21. / DON JUAN / OPERA O DVOU DEJSTVÍCH / V 10 OBRAZECH / Text napsal / LORENZA DA PONTE / Hudbu složil / W. A. MOZART / PÁTÉ VYDÁNÍ / 1927 / NAKLADATELÉ FR. A. URBÁNEK A SYNOVÉ / V PRAZE II., NARODNÍ TŘÍDA 4, / VEDLE NÁRODNÍHO DIVADLA / Prvý česky závod hudební / 103, (1) S. 8°
    (Urbánkova bibliotéka operních a operetních textův. II/21.)
    Exemplar: Prag, Universitätsbibliothek.

spielt (Inszenierung: Léon Carvalho [Carvaille, 1825–1897], Bühnenbild: Charles Cambon [1802 bis 1875], Levastre und Édouard-Désiré-Joseph Despléchin [1802–1870].

1929 wird „Don Giovanni" estisch in Reval (Tallinn) (Übersetzung von Georg Tuksam) gespielt.

Am 6. August 1929 fand die erste „Don Juan"-Aufführung im Festspielhaus in Salzburg statt (Dirigent: Franz Schalk, Inszenierung: Lothar Wallerstein, Bühnenbild: Oskar Strnad [1879 bis 1935]). Strnad bettete das Werk in einen barockisierenden Rahmen, deutete die Schauplätze nur schematisch an – die Kostüme hingegen waren prächtig.

Am 19. Dezember 1929 fand eine Aufführung in der Mailänder Scala (Inszenierung: Giovacchino Forzano [1884–1970], Bühnenbild: Antonio Rovescalli und Santori, Kostüme: Casa d'Arte Caramba) statt, in der Mariano Stabile (1888 bis 1968) als Don Giovanni und Salvatore Baccaloni (1900–1969) als Leporello auftraten. Der Sizilianer Stabile war ein erstklassiger Sänger-Schauspieler, seine Stimme war hell, klangarm und von begrenztem Umfang. Als Don Giovanni war er ein „bedrohlicher Verführer". Stabiles Repertoire umfaßte mehr als sechzig Rollen, in deren Mittelpunkt Verdis Falstaff stand. Der Römer Baccaloni überzeugte in seiner Darstellung des Leporello durch große Komik und Mimik, seine Stimme, so schrieb ein Kritiker, habe „nach Knoblauch und Olivenöl" geduftet. Baccaloni war ein großer Komödiant und geschickter Diseur, der mit bewunderungswürdiger Leichtigkeit das Publikum zum Lachen brachte. Von 1925 bis 1940 war er in der Scala verpflichtet. Nach seinem Abschied von der Bühne trat er als Filmkomiker auf.

„Für Theater, Rundfunk und Opernübertragung" erschien 1929 in München ein vollständiges Textbuch des „Don Giovanni" in deutscher Sprache.[1]

„Così fan tutte"

Die zweiaktige Opera buffa „Così fan tutte" KV 588 gehört zu jenen Opern Mozarts, deren Originalgestalt erst in unserem Jahrhundert wiederentdeckt wurde. Wesentlichen Anteil daran hatten Richard Strauss, Clemens Krauss und Karl Böhm.

Eine Neuausgabe des Librettos, übersetzt von Hermann Levi und durchgesehen von Otto Erhardt (= Martin Ehrenhaus, 1888–?), erschien um 1920 in Leipzig bei Breitkopf & Härtel.[2]

Eine englische Übersetzung von Marmaduke E. Browne wurde 1922 in New York von Fred Rullman verlegt.[3]

Am 15. August 1922 erlebten die Salzburger Festspielgäste eine Aufführung der Wiener Staatsoper, die Richard Strauss dirigierte, Hans Breuer inszenierte und Alfred Roller ausstattete.

„Es ist das etwas einfältige und dürftige Gegenspiel zum ‚Don Juan', das sich keinerlei romantische Illusionen über Weibertreue macht. ‚Ach wie so trügerisch …' usw. Zu diesem Zitat könnte man in Paranthese bemerken, daß einige melodische Phrasen des zweiten Aktes direkt auf den jungen Verdi hinzuweisen scheinen. Die exquisite Aufführung von ‚Così fan tutte' in der Wiener Oper

---

[1] Don Giovanni / Oper in zwei Aufzügen / von / Wolfg. Amadeus Mozart / Vollständiges Textbuch / für Theater, Rundfunk und / Opernübertragung / durch Fernsprecher / Herausgegeben vom Verlag / der G. Franzschen Hofbuchdruckerei / (G. Emil Mayer), München / 86 S. 8°
Exemplar: New York, Julliard School of Music Library.

[2] Così fan tutte / (So machen's alle Frauen!) / Komische Oper von / Wolfgang Amadeus Mozart / Nach dem italienischen des Lorenzo da Ponte, / mit Benutzung der Übersetzung von / Ed. Devrient und C. Niese / übersetzt von / Hermann Levi / Durchgesehen und herausgegeben von / Dr. Otto Erhardt / Druck und Verlag von Breitkopf & Härtel / Leipzig / 77, (1) S. 8°
(S. 1–7 Einleitung, S. 8°–77 Text).
Exemplare: Wien, Österreichische Nationalbibliothek; Washington, Library of Congress.

[3] COSÌ FAN TUTTE / (THE SCHOOL FOR LOVERS) / AN OPERA, IN TWO ACTS / THE LIBRETTO BY DA PONTE / THE MUSIC COMPOSED BY / W. A. MOZART. / THE ENGLISH VERSION, TRANSLATED AND ADAPTED FROM THE ORIGINAL ITALIAN / AND FROM THE GERMAN PARAPHRASE, BY / THE REV. MARMADUKE E. BROWNE. / COPYRIGHTED, 1922, BY FRED RULLMAN, INC. / PUBLISHED BY / FRED RULLMAN, INC., NEW YORK, N. Y. / 64 S. 4°
Exemplare: Berlin, Staatsbibliothek Preußischer Kulturbesitz; New York, Julliard School of Music Library.

unter Strauß [sic!] gehört, man weiß es, zu den Glanzstücken des Repertoires. Im großen Haus wird da eine intime Wirkung erzielt, die kaum noch zu verstärken ist. Bei der Übertragung auf das kleinere Format des Salzburger Theaters gehen, so paradox es klingt, beinahe einige intime Züge verloren; oder sie erscheinen doch stark verändert. Es ist eine andre, weniger artistische Intimität. Auch diese Aufführung dirigiert Richard Strauß [sic!]. Es ist eine vergnügte und genießerisch schmunzelnde Direktionsführung. Mit festem, energischem Griff begleitet er die Rezitative am Klavier, wobei es seine gute Laune an den Händen erlaubt, das eine oder das andre Mal eine lachende Arabeske zu produzieren." (Heinrich Kralik am 19. August 1922 in der „Neuen Wiener Tageszeitung")

Die RundfunkVerlagsgesellschaft in Hamburg druckte 1926 eine deutsche Fassung des Librettos.[1] Alfred Hagel illustrierte im gleichen Jahr ein vollständiges Textbuch (München)[2], Heinrich Kralik (1887–1965) schrieb 1926 für die Übersetzung der Wiener Tagblatt-Bibliothek eine Einführung[3].

1926 versuchte Bernhard Pankok (1872 bis 1943) für Dresden das Schaukastenprinzip der Bühne seiner Zeit zu durchbrechen. Für „Così fan tutte" schuf er eine Paravantbühne, der Saal wurde durch drei Türen und einen zentralen Luster gegliedert.

Die Städtischen Bühnen Frankfurt am Main inszenierten am 28. März 1928 „Così fan tutte" neu (Inszenierung: Lothar Wallerstein, Bühnenbild und Kostüme: Ludwig Sievert, Dirigent: Clemens Krauss). Über die Aufführung berichtete Theodor W. Adorno (1903–1969) in der Zeitschrift „Die Musik" vom Mai 1928: „Stets noch hält die Frankfurter Oper mit der Aufführung diskussionsmöglicher, zeitgenössischer Werke zurück. Kann von Zurückhaltung überhaupt noch die Rede sein? In letzter Zeit gab es gar keine Novität: außer einer nicht durchwegs glücklichen, wenn auch von der Regie sehr belebten Neueinstudierung des ‚Zigeunerbarons' nur ‚Così fan tutte' in einer allerdings durchwegs sorgsamen Aufführung, mit sehr anmutigen Bildern von Sievert, hübschen Einfällen von Wallerstein und guten Tempi von Clemens Krauss. Es geht nicht an, die mangelnde Popularität des Werkes allein auf die spannungslose Durchsichtigkeit der Handlung, die eher musikalische denn szenische Extension, die klangliche Kontrastarmut der Sextettoper zu schieben; denn all dies sollte die Wollkommenheit der Musik spielend paralysieren, deren Form in der schmerzlichen Distanz des Spätwerks sich völlig in sich verschließt. Viel eher wäre zu fragen, ob nicht eben jene Vollkommenheit vom Werke abschrecke, in dessen klarem Spiegel der Hörer sich selbst als sterblich erkennt; ein Weniges an Niedrigem, Papagenohaftem, Leporellohaftem mangelt der Oper, die Trauer ihrer Vergeistigung durch den Reflex von Wirklichkeit zu versöhnen. So lebt nicht ‚Così fan tutte', sondern dauert; aber immer wieder hat davor das Staunen zu beginnen und keiner kann unverändert am Denkmal vorüberschreiten, auch wenn dessen Sprache die der Hieroglyphen ist."

Am 25. und 27. April 1928 wurde „Così fan tutte" von der British Broadcasting Corpora- tion gesendet. Dazu erschien ein englisches Libretto.[4]

An eine Neuinszenierung in der Wiener Staatsoper am 23. November 1929 (Regie: Lothar Wallerstein, Ausstattung: Ludwig Sievert, Dirigent: Clemens Krauss) erinnert sich der Theaterwissenschaftler Heinz Kindermann (1894–1985): „Wal-

---

[1] Così fan tutte / (So machen's alle) / Komische Oper in zwei Aufzügen von / W. A. Mozart / Dichtung von Lorenzo da Ponte / RUFU-Verlagsgesellschaft m. b. H., Hamburg 36 / 63, (1) S. 8° (RUFU Textbücher.) Exemplar: Leipzig, Universitätsbibliothek.

[2] W. A. Mozart / Così fan tutte / Vollständiges Textbuch / mit Illustrationen / von Alfred Hagel / 60 S. 8° (Bayerische Radiozeitung.) Exemplar: Berlin, Staatsbibliothek Preußischer Kulturbesitz.

[3] Così fan tutte / So machen's alle / Komische Oper in zwei Aufzügen von / W. A. MOZART / Dichtung von Lorenzo da Ponte / Mit einer Einführung von Heinrich Kralik. / Tagblatt-Bibliothek, Steyermühl-Verlag / Wien I, Wollzeile 20 / 79, (1) S. 8° (Tagblatt-Bibliothek. 393.) (Operntextbuch. 32.)
Exemplare: Wien, Universitätsbibliothek; Berlin, Staatsbibliothek Preußischer Kulturbesitz; Stockholm, Drottningholms Theatermuseum.

[4] Così fan Tutte / By MOZART / LIBRETTO OF THE OPERA / TO BE BROADCAST ON / APRIL 25 and 27, 1928 / BRITISH BROADCASTING CORPORATION / 39, (1) S. 8° Exemplar: Ottawa, National Library of Canada.

lerstein hatte mit Sieverts Hilfe eine Art Miniaturbühne auf die überdimensionierte Staatsopernszene gerückt. Der rasche Szenenwechsel, der einst Mahler bewogen hatte, dafür erstmalig in der Wiener Oper die Drehbühne einzusetzen, wurde von Wallerstein und Sievert dadurch bewirkt, daß die Gesang-Schlüsse oder -Anfänge jeder Szene vor einem Vorhang absolviert wurden. Währenddessen erfolgte unsichtbar der rasche Umbau. [...] Die Übereinstimmung der musikalischen Leitung von Clemens Krauss und der Inszenierung von Wallerstein, einschließlich der von Sievert für seine phantasiereichen dekorativen Elemente und für die Kostüme gewählten hellen Pastell-Farbtöne, wirkte überzeugend im Parallelismus von Fröhlichkeit und gleichzeitigem Schweben über dem Abgrund, von Ironie und tieferer, leise ins Schwermütige gleitender Bedeutung, von Schwung und Begrenzung. [...] Gegenüber Rollers vorangegangener secessionsmäßig stilisierter Statik (1920) gaben Sieverts launischemotionelle Bühnenbilder Wallerstein die Möglichkeit, diese psychologische Übereinstimmung von Musik, Mienenspiel und Gebärde auch im optischen Gesamteindruck weiterzuführen. Gerade dadurch aber erzielte Wallerstein ein neues Stadium in der Entwicklungsgeschichte der Così-Inszenierungen."

Für die Spielzeit 1929/30 druckte das Gran Teatro del Liceo in Barcelona eine ausführliche Inhaltsangabe von „Così fan tutte".[1]

Grundlegende Literatur bietet der Sammelband „Così fan tutte. Beiträge zur Wirkungsgeschichte von Mozarts Oper". Herausgegeben vom Forschungsinstitut für Musiktheater der Universität Bayreuth. Redaktion: Susanne Vill, Bayreuth 1978 (Schriften zum Musiktheater. 2.) Daraus ist der Beitrag von Christa Jost „Sichtbarer Gesang? Die Konzeption von Lothar Wallerstein und Ludwig Sievert 1928" besonders hervorzuheben.

„Die Zauberflöte"

Um 1920 erschien ein „vollständiges Buch" der „Zauberflöte" KV 620, durchgearbeitet und herausgegeben von Carl Friedrich Wittmann.[2] 1921 erschien das Libretto der „Zauberflöte" bei Breitkopf & Härtel in Leipzig.[3] Anton Rudolph revidierte das Textbuch 1922 für das Deutsche Verlagsbuchhaus in Dresden[4], der Lyra Verlag in Leipzig und Dresden edierte 1922 KV 620 in der Reihe Molitor's „Lyra" Operntextbibliothek[5] und die Universal-Edition in Wien legte im gleichen Jahr in der Wiener Textbuchbibliothek[6] vor.

Am 22. Dezember 1922 wurde die „Zauberflöte" zum ersten Mal im Pariser Palais Garnier (129. Aufführung der Pariser Oper) gespielt (Inszenierung: Pierre Chéreau, Bühnenbild nach Entwürfen von Jacques Drésa [1869–1929], Dirigent: Reynaldo Hahn [1875–1949]). Die französische Fassung stammte von Jacques-Gabriel Prod'homme (1871–1956) und Jules Kienlin.[7]

---

1 Gran Teatro / del Liceo / Dirección Artística y Empresa / Juan Mestres Calvet / ARGUMENTO / Temporada 1929–1930 / (Barcelona: tip. Occitania) 10 S. 8° Exemplar: Barcelona, Biblioteca Central.

2 Die Zauberflöte / Oper in zwei Aufzügen / von / W. A. Mozart / Dichtung nach Ludwig Giesecke von / Emanuel Schikaneder / Vollständiges Buch / Durchgearbeitet und herausgegeben / von Carl Friedr. Wittmann / Verlag von Philipp Reclam jun. Leipzig / 92 S. 8° (Reclams Universal-Bibliothek. 2620.) (Opernbücher. 5.) Exemplare: Aachen, Stadtbibliothek; Detmold, Lippische Landesbibliothek.

3 Die Zauberflöte. / (Il Flauto magico.) / Deutsche Oper in zwei Akten / von / Emanuel Schikaneder. / (J. G. K. L. Giesecke). / Musik von W. A. Mozart. /Leipzig, / Druck und Verlag von Breitkopf und Härtel. / 34 S. 8° (Breitkopf & Härtel's Textbibliothek. 21.) Exemplar: Oxford, Oxford University, Faculty of Music Library.

4 [Außentitel:] Mozart / Die Zauberflöte / Neues Operntextbuch / Nr. 21 Welt=Bibliothek
[Innentitel:] Die Zauberflöte / Oper in zwei Aufzügen / von / Wolfgang Amadeus Mozart / 27 Januar 1756 in Salzburg / † 15. Dezember [sic!] 1791 in Wien / Dichtung von Emanuel Schikaneder / Nach dem Urtext revidierte Ausgabe mit / einer Einführung in das Werk und Notentafeln / herausgegeben von Anton Rudolph / Deutsches Verlagsbuchhaus / Dresden / 1922 / 100 S. 8°
Exemplar: Bamberg, Staatsbibliothek.

5 DIE ZAUBERFLÖTE / VON / W. A. MOZART / LYRA-VERLAG (H. MOLITOR) / LEIPZIG / NÜRNBERGERSTRASSE 36–38 / WIEN / WEIHBURGGASSE 18. / 135, (1) S. 8° (Molitor's „Lyra" Operntextbibliothek. 3.) Exemplar: Wien, Universitätsbibliothek.

6 WIENER TEXTBUCHBIBLIOTHEK / MOZART / ZAUBERFLÖTE / WALLISHAUSSER'SCHE / BUCHHANDLUNG / UNIVERSAL-EDITION / AKTIENGESELLSCHAFT / U. E. Nr. 6668 / WIEN / 48 S. 8°
(Wiener Textbuchbibliothek. 6668.) Exemplar: Wien, Universitätsbibliothek.

7 Dazu erschien folgendes Libretto: LA / FLÛTE ENCHANTÉE / (DIE ZAUBERFLŒTE) / OPÉRA EN DEUX PARTIES / POËME DE

Drésa, kunstgewerblicher Zeichner und Maler, schuf zahlreiche Entwürfe für Tapeten, Stoffe, Möbel, er illustrierte Bücher. Von ihm erschienen dekorative Gemälde in Aquarell und Öl.

Für die Mailänder Scala-Produktion am 12. Mai 1923 erschien ein eigenes Libretto in italienischer Sprache[1], die Tagblatt-Bibliothek legte im gleichen Jahr ein Textbuch der „Zauberflöte" mit einer Einführung von Heinrich Kralik vor.[2]

Die Welt-Bibliothek in Dresden publizierte 1924 ein „neues Operntextbuch" der „Zauberflöte".[3]

Im Jahre 1925 erschien in Barcelona ein katalanisches Libretto (Übersetzung von Costa Joaquim Pena)[4], in Leipzig sah Otto Erhardt den Schikanederschen Text durch[5], eine Ausgabe von Felix Weingartner (1863–1942) erschien in München bei Georg Müller[6], Heinrich Kralik schrieb den Einführungstext für die Wiener Tagblatt-Bibliothek.[7]

Eine Reihe „Zauberflöten"-Libretti erschien auch 1926: Cornelis Bronsgeest bearbeitete KV 620 für den Berliner Rundfunk[8], Georg Richard Kruse zeichnete als Herausgeber bei Philipp Reclam jun. in Leipzig[9], die Bayerische Radiozeitung gab das „Vollständige Textbuch für Theater, Rundfunk und Opernübertragung durch Fern-

---

/ LUDWIG GIESECKE & EMANUEL SCHIKANEDER / TRADUCTION FRANÇAISE / DU LIVRET ORIGINAL PAR / J.-G. PROD'HOMME & JULES KIENLIN / MUSIQUE DE / W.-A. MOZART / REPRÉSENTÉE POUR LA PREMIÈRE FOI / AU THÉÂTRE DE L'OPÉRA À PARIS / EN DÉCEMBRE MCMXXII / PROPRIÉTÉ DES ÉDITEURS / BREITKOPF & HÄRTEL / LEIPZIG / Tous droits de traduction, de reproduction et de représentation / réservés pour tous les pays y compris ceux qui ont été l'objet des dernières législations.
(Breitkopf & Härtel-Bibliothèque de livrets. 402.) Exemplar: Paris, Bibliothèque nationale, Département de la Musique.

1   IL / FLAUTO MAGICO / DRAMMA EROICOMICO IN DUE ATTI / DI / E. SCHIKANEDER / Musica di W. A. MOZART / NELLA EDIZIONE ESEGUITA ALLA SCALA / IL 12 MAGGIO 1923 / CASA MUSICALE SONZOGNO-EDITRICE / MILANO / 88 S. 8°
    Exemplare: Salzburg, Bibliothek der Internationalen Stiftung Mozarteum; Padua, Istituto musicale „Cesare Pollini" (Biblioteca del Liceo musicale).

2   Die Zauberflöte / Oper in zwei Aufzügen. / Text von / EMANUEL SCHIKANEDER. / MUSIK / von / W. A. MOZART. / Mit einer Einführung von Heinrich Kralik. / 9. bis 18. Tausend / 64 S. 8°
    (Tagblatt-Bibliothek. 30.) (Operntextbuch. 1.) Exemplar: Krakau, Jagiellonenbibliothek.

3   Mozart / Die Zauberflöte / [Titelkupfer] / Neues Operntextbuch / [Dresden 1924] / 84 S. 8°
    (Welt-Bibliothek. 21.) Exemplar: Berlin, Staatsbibliothek Preußischer Kulturbesitz.

4   LA FLAUTA MÀGICA / ÓPERA EN DOS ACTES / Llibre alemany de EMANUEL SCHIKANEDER / refundit en tres actes per FÈLIX WEINGARTNER / MUSICA DE / WOLFGANG AMADEUS MOZART / TRADUCCIÓ ADAPTADA A LA MUSICA DE / Joaquim Pena / BARCELONA / 1925 / 115, (1) S. 8°
    (Biblioteca L'Opera clàssica.) Exemplar: Barcelona, Biblioteca Central.

5   Die Zauberflöte / Deutsche Oper in zwei Akten / Dichtung nach Ludwig Giesecke / von / Emanuel Schikaneder / Musik von / W. A. Mozart / Durchgesehen und herausgegeben / von / Dr. Otto Erhardt / Leipzig / Druck und Verlag von Breitkopf & Härtel / Nachdruck verboten / 80 S. 8°
    (Text-Bibliothek. 429.) Exemplare: Kassel, Musikakademie; Wiesbaden, Hessische Landesbibliothek; Den Haag, Gemeente Museum.

6   Felix Weingartner / Mozarts / Zauberflöte / München bei Georg Müller / 1925 / 88 S. 8°
    Exemplar: Hannover, Stadtbibliothek.

7   [Außentitel:] Die Zauberflöte / Oper in zwei Aufzügen. / Text von / EMANUEL SCHIKANEDER. / MUSIK / von / W. A. MOZART. / Mit einer Einführung von Heinrich Kralik. / STEYRERMÜHL / VERLAG / Wien, 1925.
    [Innentitel:] Die Zauberflöte / Oper in zwei Aufzügen. / Text von / EMANUEL SCHIKANEDER. / MUSIK / von / W. A. MOZART. / Mit einer Einführung von Heinrich Kralik. / 62 S. 8°
    (Tagblatt-Bibliothek. 30.) (Operntextbuch. 1.)
    Exemplar: Berlin, Staatsbibliothek Preußischer Kulturbesitz.

8   SendeSpiele / Eine periodisch erscheinende Folge wortgetreuer Text- / bücher zu den Sende-Spielen der Funk-Stunde, Berlin / Jahrgang 3, Heft 8 / DIE ZAUBERFLÖTE / Große Oper in zwei Teilen / Text von EMANUEL SCHIKANEDER / Musik von W. A. MOZART / Für den Rundfunk bearbeitet von Cornelis Bronsgeest / Verlag FUNKDIENST G. M. B. H., BERLIN W 9 / 54 S. 8°
    (Sendespiele. III/8.)
    Exemplar: Karlsruhe, Badische Landesbibliothek.

9   Die Zauberflöte / Oper in zwei Aufzügen / von / Mozart / Dichtung von Emanuel Schikaneder. / Vollständiges Buch / Herausgegeben und eingeleitet von / Georg Richard Kruse /Verlag von Philipp Reclam jun. Leipzig / 74 S. 8° (Universal-Bibliothek. 2620.) (Opernbücher.5.)
    Exemplare: Berlin, Universitätsbibliothek der HumboldtUniversität; Darmstadt, Hessische Hochschul- und Landesbibliothek; Detmold, Lippische Landesbibliothek; Wuppertal, Wissenschaftliche Stadtbibliothek; Oxford, Oxford University Faculty of Music Library; Turin, Biblioteca civica musicale „A. della Corte".

sprecher" mit Szenenbildern des Bildnis- und Figurenmalers, Illustrators, Radierers und Kupferstechers Karl Max Schultheiß (1885–?) in München heraus[1].

Für die Rundfunksendung am 29. Mai der British Broadcasting Corporation erschien eine englische Ausgabe des Textbuches nach der Novello-Edition.[2]

Hans Wildermann schuf 1927 plastische Bühnenbilder für Breslau, er entschied sich gegen Reliefwirkungen. Er setzte auf eine Neutralbühne, auf der Verwandlungen durch Licht erreicht wurden. Neutral war auch die graue Grundfarbe, die bei einer gewissen Beleuchtung jede Farbe nnimmt.

Alexander Baranowsky realisierte 1927 für Dresden Bühnenbilder nach russischen Vorbildern der Zeit, kräftige Farben vermittelten einen folkloristischen Charakter.

Ganz „ägyptisch" gestaltete Leopold Sachse (1880–1961) „Die Zauberflöte" 1927 für Hamburg (Jahrhundertfeier, Dirigent: Egon Pollak, Regie: Leopold Sachse, Bühnenbild: Carl Keller, nach Angaben von Leopold Sachse).

1928 stattete der griechische Bühnenbildner Panos Aravantinos (1886–1930) „Die Zauberflöte" für die Berliner Staatsoper Unter den Linden aus (Premiere: 28. April). Er verlegte Mozarts Oper in ein Phantasiereich, vereinigte zahlreiche orientalische Stilelemente und nutzte vor allem die Tiefe der Bühne aus. Im selben Jahr setzte Wilhelm Treichlingen für Wien auf Expressionismus, bezog filmische Elemente in seine Konzeption ein.

Bei den Salzburger Festspielen wurde die deutsche Oper zum ersten Mal am 18. August im Festspielhaus gegeben, das nach Meinung einiger Kritiker unbrauchbar für Operninszenierungen sei (Dirigent: Franz Schalk, Inszenierung: Lothar Wallerstein, Bühnenbild: Oskar Strnad).

Strnad schuf eine steil ansteigende Treppe, die Wallerstein zu einer statischen Personenregie zwang – dynamisches Spiel mit komödiantischer Personenführung war dadurch nicht möglich.

Adolf Aber schrieb über diese Produktion am 23. April 1928 in der „Ostdeutschen Morgenpost", Beuthen: „Daß die Wiener Oper und insbesondere ihr Bühnenbildner Oskar Strnad und ihr Regisseur Lothar Wallerstein trotzdem den Versuch machten, die ‚Zauberflöte' zu produzieren, ehrt ihren Wagemut. Das Gesamtergebnis ist aber doch so ausgefallen, daß man vor weiteren Experimenten in dieser Richtung nur warnen kann. Eine in unserer Zeit lebensfähige ‚Zauberflöten'-Aufführung steht und fällt mit der Schnelligkeit der Verwandlungen. Aufführungen, bei denen die Länge der zu den Verwandlungen nötigen Pausen beinahe der Länge der Musikstücke gleichkommt, sind heute nicht mehr möglich. Man würde trotzdem den Übelstand der schier endlosen Verwandlungspausen wohl noch in Kauf genommen haben, wenn das, was dem Auge dann beim Aufgehen des Vorhangs geboten wurde, geeignet gewesen wäre, die Zuschauer für ihr langes Warten zu befriedigen. Auch davon aber konnte bei dieser Salzburger Aufführung nicht die Rede sein. Diese Inszenierung des Werkes durch Strnad und Wallerstein ist weit davon entfernt, einen nach irgendeiner Richtung einheitlichen Stilwillen zu bekunden. Sie vermengt in ziemlich naiver Weise archaisierende und moderne Stilelemente, opfert zudem in den meisten Bildern eine einiger-

---

1   [Außentitel:] W. A. Mozart / Die / Zauberflöte / Vollständiges Textbuch / mit Szenenbildern von / Karl Max Schultheiß
    [Innentitel:] Die Zauberflöte / Oper in zwei Aufzügen / von / W. A. Mozart / Dichtung nach Ludwig Giesecke / von Emanuel Schikaneder / Vollständiges Textbuch / für Theater, Rundfunk und / Opernübertragung / durch Fernsprecher / Herausgegeben vom Verlag / der Bayerischen Radiozeitung G.m.b.H. / München / 93, (1) S. 8°
    (Radiotexte. 30.)
    Exemplar: Berlin, Staatsbibliothek Preußischer Kulturbesitz; Freising, Dombibliothek.

2   The / British Broadcasting Corporation. / OPERA LIBRETTO / THE MAGIC FLUTE / (MOZART) / TO BE BROADCAST ON MAY 26th, 1927. / The words are reprinted from the / Novello edition of "The Magic / Flute" by kind permission of / Messrs. Novello & Co. Ltd. / Printed by THE CORNWALL PRESS LTD, Paris Garden, / London, S.E.1, and published by THE BRITISH BROADCASTING / CORPORATION, Savoy Hill, London, W.C.2. / 29, (1) S. 8°
    Exemplare: Ottawa, National Library of Canada; Edinburgh, National Library of Scotland.

maßen ergibige Spielfläche der Höhengliederung, so daß unter dem Bühnenbild auch die freie Personalregie notwendig leiden muß. Das Erfreulichste an dieser Inszenierung sind die Kostüme, deren Farbenpracht für die Primitivität der Szene entschädigen mußte."

Am 13. August 1931 bemerkte die „Magdeburgische Zeitung" zur Arbeit Strnads: „Die Festspielleitung hat dieses Jubiläums gedacht durch eine würdige Aufführung des Werkes im Festspielhaus. Oskar Strnad, der Inszenator, hat dafür märchenhafte Bilder und Kostüme entworfen. Lapislazuliblau mit Gold- und Patinaflecken, die wie Wolken sind, leuchtet und dunkelt im Wechsel des Lichts die Himmelsscheibe; runde Bildausschnitte zu den Szenen auf der Vorderbühne, imposante Treppenaufbauten für die große Sarastroszenen, Rokokoornamente für die Papageno- und Monostatosauftritte. Wie im Planetarium erglänzt der Sternhimmel zu Häupten der nächtlichen Königin. Sarastros und seiner Priester Gewänder im Weisheitstempel haben die ägyptische Stilisierung verloren. Sie erinnern an den pompösen Brokatprunk des katholischen Fest-Zeremoniells, sie strahlen in silbriger Helle, und wie in Opferschalen ruhen die Köpfe in steifen Halskrausen. Nur des Sarastros Haupt schwebt frei, in cäsarenhafter Würde, über dem Schwall des Gewandes. Tamino ist ein romantischer Knabe, der ausgezogen sein könnte, eine blaue Blume zu suchen und der ein engelhaftes Mädchen in langem, weißem Empiregewand findet. Es mischen sich hier die besten Elemente aller Stile zu einem märchenhaften Zusammenklang in einer Art von neuem Barock, das speziell der Illusion dient und sie in der ungebrenzten Welt des Theaters zu Triumphen zu führen vermag."

Leopold Lichten arbeitete 1928 das vollständige Opernbuch für Rudolf Bechtold & Comp. in Wiesbaden durch.[1]

1929 erschien in Budapest eine ungarische Übersetzung der „Zauberflöte".[2]

Ewald Dülberg konzipierte am 10. November 1929 für die Berliner Staatsoper am Platz der Republik (Kroll-Oper) einen abstrakten Raum ohne jedes dekoratives Element, der ihn hier als prominenten Vertreter der „Neuen Sachlichkeit" ausweist (Inszenierung, Bühnenbild und Kostüme: Ewald Dülberg, Dirigent: Otto Klemperer). Dülberg schuf ein Grundgerüst von räumlichen und farbigen Elementen, Architektur und Natur wurden strengen geometrischen Formen unterworfen, Farbe und Licht bestimmten den Raum. Grelle Farben wurden kontrapunktiert und kontrastiert. „[...] Die Aufgabe der Bühne ist es, dem darstellenden Menschen den idealen Spielraum zu schaffen, eine Raumform zu finden, die für das aufzuführende dramatische Kunstwerk ebenso sehr ‚Zweckform' ist, wie ein ideales Haus für die körperlichen und geistigen Bedürfnisse seiner Bewohner. Immer und durchaus muß der Mensch im Brennpunkt des auf die Bühne gerichteten

---

1 Die / Zauberflöte / Oper in 2 Aufzügen / von Emanuel Schikaneder / (nach anderen Quellen von Karl Ludwig Giesecke) / Musik von / Wolfgang Amadeus Mozart, (geb. am 27. Januar 1756 zu Salzburg, / gest. am 5. Dezember 1791 zu Wien.) / Vollständiges Opernbuch / durchgearbeitet von / Leopold Lichten. / Druck und Verlag / von Rud. Bechtold & Comp. Wiesbaden / 38 S. 8° (Bechtold's Operntext-Bibliothek. 123.) Exemplare: Berlin, Staatsbibliothek Preußischer Kulturbesitz; Wiesbaden, Hessische Landesbibliothek.
Eine andere Ausgabe erschien vor 1930 bei Rudolf Bechtold & Comp.:
Die Zauberflöte. / Große Oper in 2 Akten von Emanuel Schikaneder, / geb. am 30. Juni 1751 in Regensburg, gest. am 21. September 1812 / in Wien. / Musik von W. A. Mozart, / geb. am 27. Januar in Salzburg, gest. am 5. Dezember 1791 / in Wien. / Personen. / Sarastro. (Baß). / Tamino, ein egyptischer Prinz. (Tenor). / Sprecher. (Baß). / Erster Priester. (Baß). / Zweiter Priester. (Baß). / Dritter Priester. (Baß). / Die Königin der Nacht. (Sopran). / Pamina, ihre Tochter. (Sopran). / Erste Dame im Gefolge der Königin. (Sopran). / Zweite Dame im Gefolge der Königin. (Sopran). / Dritte Dame im Gefolge der Königin. (Sopran). / Drei Genien. (Sopran). / Papageno. (Baß). / Papagena. (Sopran). / Monostatos, ein Mohr. (Tenor). / Erster Sclave. / Zweiter Sclave. / Dritter Sclave. / Priester. Sclaven. Gefolge. / Wiesbaden. / Druck und Verlag von Rud. Bechtold & Comp. / 26 S. 8° Exemplar: Heidelberg, Universitätsbibliothek.

2 MAGY. KIR. OPERAHÁZ / A / VARÁZSFUVOLA / Dalmü két felvonásban / Szövegét irta: / SCHIKANEDER EMANUEL / Németböl forditotta: / HARSÁNYI ZSOLT / Zenéjét szerezte: / MOZART W. A: / CSÁTHY FERENC egyetemi könyvkereskedés és irodalmi vállalat rt. / Debrecen – Budapest / Szövegkönyv / 64 S. 8° (Magyar királyi Operaház szövegkönyvei. 13.)
Exemplar: Budapest, Széchényi Nationalbibliothek.

Blickes der Zuschauer stehen, der ihn umgebende, seine Bewegungen wie absichtslos leitende Raum darf nie als Selbstzweck, höchstens als in sichtlicher Zurückhaltung geformtes Mittel zum Zweck in Erscheinung treten. Die ungeschriebenen Gesetze, die seine Form bestimmen, sind die gleichen, die jeder zweckgebundenen Architektur eigen sind." [1]

„La Clemenza di Tito"

„La Clemenza di Tito" KV 621 ist erst mit der Salzburger Aufführung von Jean-Pierre Ponnelle (1932–1988), 1976, wieder ins Gerede gekommen. Für dieses Werk kann in unserem Zeitraum nur ein bearbeitetes Libretto von Anton Rudolph aus dem Jahre 1920 nachgewiesen werden. [2]

---

[1] Ewald Dülberg: Die Bühnendekoration der Gegenwart, Rundfunkvortrag, gehalten am 4. August 1931 für die Funkstunde Berlin, Manuskript im Archiv der Internationalen Stiftung Mozarteum.

[2] W. A. MOZART / TITUS / OPER IN ZWEI AUFZÜGEN / BEARBEITET VON / ANTON RUDOLPH / EIGENTUM UND VERLEGER / FÜR ALLE LÄNDER / PFLÜGER-VERLAG KARLSRUHE / MUSIKALIEN- UND BÜHNEN-VERLAG / 43, (1) S. 8° Exemplar: Berlin, Staatsbibliothek Preußischer Kulturbesitz.

Bildteil

1   Slevogt: Francisco d'Andrade als Don Giovanni, Komturszene. Kaltnadelradierung 1911.

2 Slevogt: Francisco d'Andrade als Don Giovanni, Friedhofszene mit Leporello. Kaltnadelradierung 1920.

3   Slevogt: Francisco d'Andrade als Don Giovanni. Kaltnadelradierung, aus: Adolf Weissmann „Der Virtuose",
im Verlag Paul Cassirer, Berlin 1920.

4 Slevogt: Mozarts „Don Giovanni". Bühnenentwürfe für die Dresdener Staatsoper. Signierte Lithographie im Verlag Bruno Cassirer, Berlin 1924. Titelblatt: Mozarts Don Giovanni.

5 Slevogt: Mozarts „Don Giovanni". Bühnerentwürfe für die Dresdener Staatsoper. Signierte Kreidelithographien auf Chinapapier im Verlag Bruno Cassirer, Berlin 1924. Die Ermordung des Komturs (I,1).

6 Slevogt: Mozarts „Don Giovanni". Bühnenentwürfe für die Dresdener Staatsoper. Signierte Kreidelithographien auf Chinapapier im Verlag Bruno Cassirer, Berlin 1924. Donna Elviras Gasthaus. Kreidelithographie mit roter Tusche.

7 Slevogt: Mozarts „Don Giovanni". Bühnenentwürfe für die Dresdener Staatsoper. Signierte Kreidelithographien auf Chinapapier. Festsaal, Finale des ersten Aktes.

8 Slevogt: Mozarts „Don Giovanni". Bühnenentwürfe für die Dresdener Staatsoper. Signierte Kreidelithographien auf Chinapapier. „Ihr geht nach jener Seite hin" (II, 4).

9 Slevogt: Mozarts „Don Giovanni". Bühnenentwürfe für die Dresdener Staatsoper. Signierte Kreidelithographien auf Chinapapier. Friedhofsszene mit Denkmal des Komturs (II,9).

10 Slevogt: Mozarts „Don Giovanni". Bühnenentwürfe für die Dresdener Staatsoper. Signierte Kreidelithographien auf Chinapapier. Don Giovannis Nachtmahl kurz vor Erscheinen des Komturs (II, Finale).

11 Slevogt: Mozarts „Don Giovanni". Bühnenentwürfe für die Dresdener Staatsoper. Signierte Kreidelithographien auf Chinapapier. Der Höllenrachen verschlingt Don Giovanni (II, Finale).

12 Slevogt: Mozarts „Don Giovanni". Bühnenentwürfe für die Dresdener Staatsoper. Signierte Kreidelithographien auf Chinapapier.
Finale – Schlußsextett (Donna Elvira, Donna Anna, Don Ottavio, Zerlina, Masetto und Leporello).

13 Slevogt: „Die Zauberflöte". Kreidelithographie 1910, vor Eindruck der Titelschrift.

14 Slevogt: Randzeichnungen zu Mozarts „Zauberflöte". Nr. 1 – Titelblatt mit gezeichneter Schrift.

15   Slevogt: Randzeichnungen zu Mozarts „Zauberflöte". Nr. 2 – Ouvertüre.

16   Slevogt: Randzeichnungen zu Mozarts „Zauberflöte". Nr. 3 – „Zu Hilfe, zu Hilfe" (Tamino: I,1).

17 Slevogt: Randzeichnungen zu Mozarts „Zauberflöte". Nr. 4 – „Stirb Ungeheuer, durch unsere Macht" (Die drei Damen der Königin: I,1).

18 Slevogt: Randzeichnungen zu Mozarts „Zauberflöte". Nr. 5 – „Der Vogelfänger bin ich ja" (Papageno: I,2).

19 Slevogt: Randzeichnungen zu Mozarts „Zauberflöte". Nr. 6 – „Dies Bildnis ist bezaubernd schön" (Tamino: I,4).

20 Slevogt: Randzeichnungen zu Mozarts „Zauberflöte". Nr. 7 – „Zum Leiden bin ich auserkoren" (Königin der Nacht: I,6).

21 Slevogt: Randzeichnungen zu Mozarts „Zauberflöte". Nr. 8 – „Du, Du, Du wirst sie zu befreyen gehen" (Königin der Nacht: I,6).

22 Slevogt: Randzeichnungen zu Mozarts „Zauberflöte". Nr. 9 – „Silberglöckchen, Zauberflöten sind zu eurem Schutz vonnöthen!"
(Die drei Damen und Papageno: I,8).

23 Slevogt: Randzeichnungen zu Mozarts „Zauberflöte". Nr. 10 – „Drey Knäbchen, jung, schön, hold und weise" (Die drei Damen: I,8).

24 Slevogt: Randzeichnungen zu Mozarts „Zauberflöte". Nr. 11 – „Hu – das ist der Teufel sicherlich" (Monostatos und Papageno: I,12).

25 Slevogt: Randzeichnungen zu Mozarts „Zauberflöte". Nr. 12 – „Mann und Weib, und Weib und Mann" (Pamina und Papageno: I,14).

26 Slevogt: Randzeichnungen zu Mozarts „Zauberflöte". Nr. 13 – „Zum Ziele führt dich diese Bahn" (Die drei Knaben: I,15).

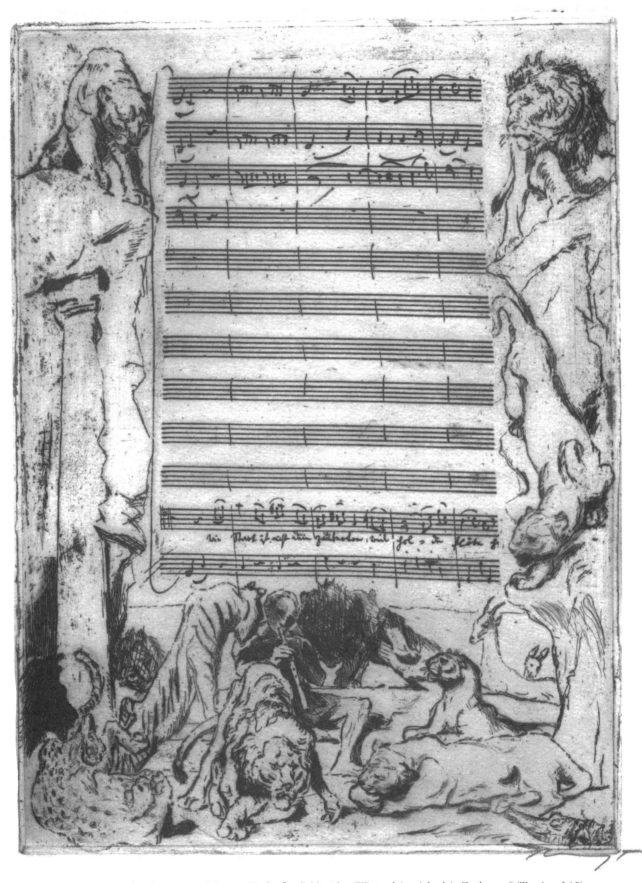

27 Slevogt: Randzeichnungen zu Mozarts „Zauberflöte". Nr. 14 – „Wie stark ist nicht dein Zauberton" (Tamino: I,15).

28 Slevogt: Randzeichnungen zu Mozarts „Zauberflöte". Nr. 15 – „Schnelle Füße, rascher Mut" (Papageno und Pamino: I,16).

29 Slevogt: Randzeichnungen zu Mozarts „Zauberflöte". Nr. 16 – „Das klinget so herrlich, das klinget so schön!"
(Monostatos und Sklaven: I,17).

30 Slevogt: Randzeichnungen zu Mozarts „Zauberflöte". Nr. 17 – „O wär ich eine Maus, wie wollt ich mich verstecken!" (Papageno: I,17).

31 Slevogt: Randzeichnungen zu Mozarts „Zauberflöte". Nr. 18 – „Es lebe Sarastro, Sarastro soll leben" (Chor: I,18).

32 Slevogt: Randzeichnungen zu Mozarts „Zauberflöte". Nr. 19 – „Ein Mann muß eure Herzen leiten" (Sarastro: I,18).

33 Slevogt: Randzeichnungen zu Mozarts „Zauberflöte". Nr. 20 – „Er ists, Sie ists, ich glaub es kaum" (Pamina und Tamino: I,19).

34 Slevogt: Randzeichnungen zu Mozarts „Zauberflöte". Nr. 21 – „Schon deine Gnade macht mich reich! – nur siebenundsiebenzig Sohlenstreich" (Monostatos und Sarastro: I,19).

35 Slevogt: Randzeichnungen zu Mozarts „Zauberflöte". Nr. 22 – Marsch (Einzug der Priester: II,1).
In Lichtdruck hergestellt, da die Platte verlorenging.

36 Slevogt: Randzeichnungen zu Mozarts „Zauberflöte". Nr. 23 – „O Isis und Osiris" (Sarastro: II,1).

37 Slevogt: Randzeichnungen zu Mozarts „Zauberflöte". Nr. 24 – „Bewahret Euch vor Weiber Tücken" (Sprecher und Priester: II,1).

38 Slevogt: Randzeichnungen zu Mozarts „Zauberflöte". Nr. 25 – „Wie? wie? wie? ihr an diesem Schreckensort" (Die drei Damen: II,5).

39 Slevogt: Randzeichnungen zu Mozarts „Zauberflöte". Nr. 26 – „O weh! O weh! O weh!" (Die drei Damen stürzen in die Versenkung: II,5).

40 Slevogt: Randzeichnungen zu Mozarts „Zauberflöte". Nr. 27 – „Alles fühlt der Liebe Freuden, schnäbelt, tändelt, herzet, küßt" (Monostatos: II,7).

41 Slevogt: Randzeichnungen zu Mozarts „Zauberflöte". Nr. 28 – „Der Hölle Rache kocht in meinem Herzen" (Königin der Nacht: II,8).

42 Slevogt: Randzeichnungen zu Mozarts „Zauberflöte". Nr. 29 – „So bist du meine Tochter nimmermehr" (Königin der Nacht: II,8).

43 Slevogt: Randzeichnungen zu Mozarts „Zauberflöte". Nr. 30 – „In diesen heilgen Hallen kennt man die Rache nicht" (Sarastro: II,12).

44 Slevogt: Randzeichnungen zu Mozarts „Zauberflöte". Nr. 31 – „Seyd uns zum zweyten Mal willkommen" (Die drei Knaben: II,16).

45 Slevogt: Randzeichnungen zu Mozarts „Zauberflöte". Nr. 32 – „Sieh Tamino! diese Thränen fließen" (Pamina: II,18).

46 Slevogt: Randzeichnungen zu Mozarts „Zauberflöte". Nr. 33 – „Wie bitter sind der Trennung Leiden!"
(Tamino und Pamina, Sarastro: II,19).

47 Slevogt: Randzeichnungen zu Mozarts „Zauberflöte". Nr. 34 – „Ein Mädchen oder Weibchen wünscht Papageno sich" (Papageno: II,23).

48 Slevogt: Randzeichnungen zu Mozarts „Zauberflöte". Nr. 35 – „Bald prangt, den Morgen zu verkünden, die Sonn auf goldner Bahn" (Die drei Knaben: II,26).

49 Slevogt: Randzeichnungen zu Mozarts „Zauberflöte". Nr. 36 – „Du also bist mein Bräutigam, durch dich vollend ich meinen Gram!" (Pamina: II,27).

50 Slevogt: Randzeichnungen zu Mozarts „Zauberflöte". Nr. 37 – „Wird rein durch Feuer, Wasser, Luft und Erden"
(Die zwei Geharnischten: II,28).

51 Slevogt: Randzeichnungen zu Mozarts „Zauberflöte". Nr. 38 – „Mich schreckt kein Tod, als Mann zu handeln" (Tamino: II,28).

52 Slevogt: Randzeichnungen zu Mozarts „Zauberflöte". Nr. 39 – „Tamino mein! O welch ein Glück! Pamina mein!" (Pamina und Tamino: II,28).

53 Slevogt: Randzeichnungen zu Mozarts „Zauberflöte". Nr. 40 – Tamino und Pamina gehen durch das Feuer und die Wasserfluten (II,28).

54 Slevogt: Randzeichnungen zu Mozarts „Zauberflöte". Nr. 41 -„Triumph, Triumph, Triumph, du edles Paar" (Chor: II,28).

55   Slevogt: Randzeichnungen zu Mozarts „Zauberflöte". Nr. 42 – „Halt ein! Halt ein! O Papageno, und sey klug!" (Die drei Knaben: II,29).

56 Slevogt: Randzeichnungen zu Mozarts „Zauberflöte". Nr. 43 – „Klinget Glöckchen, klinget, schafft mein Mädchen her!" (Papageno: II,29).

57 Slevogt: Randzeichnungen zu Mozarts „Zauberflöte". Nr. 44 – „Erst ein kleiner Papageno! dann eine kleine Papagena!" (Papageno und Papagena: II,29).

58 Slevogt: Randzeichnungen zu Mozarts „Zauberflöte". Nr. 45 – „Nur Stille! Stille! Stille! bald dringen wir im Tempel ein!"
(Monostatos: II,30).

59 Slevogt: Randzeichnungen zu Mozarts „Zauberflöte". Nr. 46 – „Die Strahlen der Sonne vertreiben die Nacht" (Sarastro: II,30).

60 Slevogt: Randzeichnungen zu Mozarts „Zauberflöte". Nr. 47 – „Es siegte die Stärke und krönet zum Lohn" (Chor: II,30).

61 Meid: Selbstbildnis. Kaltnadelradierung von 1917.

62 Meid: Handzeichnung zu Mozarts „Don Giovanni". Allegro molto (I,1), Donna Anna und Don Juan.

63   Meid: Handzeichnung zu Mozarts „Don Giovanni". Racheschwur (I,2), Donna Anna und Don Ottavio.

64 Meid: Handzeichnung zu Mozarts „Don Giovanni". Die drei Masken vor Don Juans Haus (Akt I, Finale).

65 Meid: Handzeichnung zu Mozarts „Don Giovanni". Don Juan und Leporello vor Donna Elviras Haus (II,3).

66 Meid: Aus „Don Juan. 15 Radierungen zur Oper von Mozart". Titelradierung: Leporello mit dem Register. Kaltnadelradierung.

67 Meid: Aus „Don Juan. 15 Radierungen zur Oper von Mozart". Nr. 1 – Allegro molto: „Ja, ich wage selbst mein Leben, Räuber Du entgehst mir nicht!". Kaltnadel und Grabstichel.

68 Meid: Aus „Don Juan. 15 Radierungen zur Oper von Mozart". Nr. 2 – Ermordung des Comthurs. Kaltnadel und Grabstichel.

69 Meid: Aus „Don Juan. 15 Radierungen zur Oper von Mozart". Nr. 3 – Auffindung der Leiche. Kaltnadel und Grabstichel.

70 Meid: Aus „Don Juan. 15 Radierungen zur Oper von Mozart". Nr. 4 – Don Ottavios Racheschwur. Kaltnadel und Grabstichel.

71 Meid: Aus „Don Juan. 15 Radierungen zur Oper von Mozart". Nr. 5 – Donna Elvira: „Wo werd ich ihn entdecken, für den mein Herz noch glüht?". Kaltnadelradierung.

72 Meid: Aus „Don Juan. 15 Radierungen zur Oper von Mozart". Nr. 6 – Andante: „Komm auf mein Schloß mit mir!". Kaltnadelradierung.

73 Meid: Aus „Don Juan. 15 Radierungen zur Oper von Mozart". Nr. 7 – „O, flieh den Bösewicht". Kaltnadel und Grabstichel.

74 Meid: Aus „Don Juan. 15 Radierungen zur Oper von Mozart". Nr. 8 – Die drei Masken vor Don Juans Haus. Kaltnadel und Grabstichel.

75   Meid: Aus „Don Juan. 15 Radierungen zur Oper von Mozart". Nr. 9 – Tumult nach dem Menuett. Kaltnadel und Grabstichel.

76 Meid: Aus „Don Juan. 15 Radierungen zur Oper von Mozart". Nr. 10 – Don Juan und Leporello (in vertauschten Rollen) vor Donna Elviras Haus. Kaltnadel und Grabstichel.

77 Meid: Aus „Don Juan. 15 Radierungen zur Oper von Mozart". Nr. 11 – Kirchhofszene. Kaltnadel und Grabstichel.

78 Meid: Aus „Don Juan. 15 Radierungen zur Oper von Mozart". Nr. 12 – „Fröhlich sei mein Abendessen". Kaltnadel und Grabstichel.

79 Meid: Aus „Don Juan. 15 Radierungen zur Oper von Mozart". Nr. 13 – Der Comthur erscheint. Kaltnadel und Grabstichel.

80 Meid: Aus „Don Juan. 15 Radierungen zur Oper von Mozart". Nr. 14 – Schluß: Höllensturz. Kaltnadel und Grabstichel.

Abbildungsverzeichnis

Bild		Seite
	Max Slevogt: Francisco d'Andrade als Don Giovanni auf der Bühne, 1902. Ölstudie. 48,0 x 35,5 cm. (Privatbesitz)	Umschlag
1	*Max Slevogt:* Francisco d'Andrade (1859–1921) als Don Giovanni, Komturszene. Kaltnadelradierung 1911. (9,5 x 6,5 cm)	64
2	*Max Slevogt:* Francisco d'Andrade als Don Giovanni, Friedhofszene mit Leporello. Kaltnadelradierung 1920. (31,3 x 23,5 cm).	65
3	*Max Slevogt:* Francisco d'Andrade als Don Giovanni. Kaltnadelradierung, aus: Adolf Weissmann „Der Virtuose", im Verlag Paul Cassirer, Berlin 1920. (17,0 x 11,0 cm). Den Einband zu diesem Buch entwarf Hans Meid. Es ist das einzige Mal, daß beide Künstler zusammenarbeiteten.	66
4–12	*Max Slevogt:* Bühnenentwürfe für die Dresdener Staatsoper. Signierte Lithographien auf Chinapapier im Verlag Bruno Cassirer, Berlin 1924.	
4	Titelblatt: Mozarts Don Giovanni. (36,0 x 45,5 cm)	67
5	Die Ermordung des Komturs (I,1). (25,0 x 40,4 cm)	68
6	Donna Elviras Gasthaus. Kreidelithographie mit roter Tusche. (24,3 x 39,4 cm)	69
7	Festsaal, Finale des ersten Aktes. (25,6 x 43,0 cm)	70
8	„Ihr geht nach jener Seite hin" (II,4). (26,0 x 41,0 cm)	71
9	Friedhofsszene mit Denkmal des Komturs (II,9). (26,3 x 39,4 cm)	72
10	Don Giovannis Nachtmahl kurz vor Erscheinen des Komturs (II, Finale). (24,0 x 39,0 cm)	73
11	Der Höllenrachen verschlingt Don Giovanni (II, Finale). (24,8 x 26,0 cm)	74
12	Finale - Schlußsextett (Donna Elvira, Donna Anna, Don Ottavio, Zerlina, Masetto und Leporello). (22,8 x 26,2 cm)	75
13	*Max Slevogt:* „Die Zauberflöte". Kreidelithographie 1910 vor Eindruck der Titelschrift. (28,6 x 23,8 cm)	76
14–60	*Max Slevogt:* Randzeichnungen zur „Zauberflöte". Radierungen, verlegt bei Paul Cassirer, Berlin 1920.	
14	Titelblatt mit gezeichneter Schrift. (34,5 x 25,5 cm)	77

Bild		Seite
15	Ouvertüre. (34,5 x 25,5 cm)	78
16	„Zu Hilfe, zu Hilfe" (Tamino: I,1). (34,5 x 25,5 cm)	79
17	„Stirb Ungeheuer, durch unsere Macht" (Die drei Damen der Königin: I,1). (34,5 x 25,5 cm)	80
18	„Der Vogelfänger bin ich ja" (Papageno: I,2). (34,5 x 25,5 cm)	81
19	„Dies Bildnis ist bezaubernd schön" (Tamino: I,4). (34,5 x 25,5 cm)	82
20	„Zum Leiden bin ich auserkoren" (Königin der Nacht: I,6). (34,5 x 25,5 cm)	83
21	„Du, Du, Du wirst sie zu befreyen gehen" (Königin der Nacht: I,6). (34,5 x 25,5 cm)	84
22	„Silberglöckchen, Zauberflöten sind zu eurem Schutz vonnöthen!" (Die drei Damen und Papageno: I,8). (34,5 x 25,5 cm)	85
23	„Drey Knäbchen, jung, schön, hold und weise" (Die drei Damen: I,8). (34,5 x 25,5 cm)	86
24	„Hu - das ist der Teufel sicherlich" (Monostatos und Papageno: I,12). (34,5 x 25,5 cm)	87
25	„Mann und Weib, und Weib und Mann" (Pamina und Papageno: I,14). (34,5 x 25,5 cm)	88
26	„Zum Ziele führt dich diese Bahn" (Die drei Knaben: I,15). (34,5 x 25,5 cm)	89
27	„Wie stark ist nicht dein Zauberton" (Tamino: I,15). (34,5 x 25,5 cm)	90
28	„Schnelle Füße, rascher Mut" (Papageno und Pamino: I,16). (34,5 x 25,5 cm)	91
29	„Das klinget so herrlich, das klinget so schön!" (Monostatos und Sklaven: I,17). (34,5 x 25,5 cm)	92
30	„O wär ich eine Maus, wie wollt ich mich verstecken!" (Papageno: I,17). (34,5 x 25,5 cm)	93
31	„Es lebe Sarastro, Sarastro soll leben" (Chor: I,18). (34,5 x 25,5 cm)	94
32	„Ein Mann muß eure Herzen leiten" (Sarastro: I,18). (34,5 x 25,5 cm)	95
33	„Er ists, Sie ists, ich glaub es kaum" (Pamina und Tamino: I,19). (34,5 x 25,5 cm)	96
34	„Schon deine Gnade macht mich reich! - nur siebenundsiebzig Sohlenstreich" (Monostatos und Sarastro: I,19). (34,5 x 25,5 cm)	97
35	Marsch (Einzug der Priester: II,1). In Lichtdruck hergestellt, da die Platte verlorenging. (34,5 x 25,5 cm)	98

Bild		Seite
36	„O Isis und Osiris" (Sarastro: II,1). (34,5 x 25,5 cm)	99
37	„Bewahret Euch vor Weiber Tücken" (Sprecher und Priester: II,1). (34,5 x 25,5 cm)	100
38	„Wie? wie? wie? ihr an diesem Schreckensort" (Die drei Damen: II,5). (34,5 x 25,5 cm)	101
39	„O weh! O weh! O weh!" (Die drei Damen stürzen in die Versenkung: II,5). (34,5 x 25,5 cm)	102
40	„Alles fühlt der Liebe Freuden, schnäbelt, tändelt, herzet, küßt" (Monostatos: II,7). (34,5 x 25,5 cm)	103
41	„Der Hölle Rache kocht in meinem Herzen" (Königin der Nacht: II,8). (34,5 x 25,5 cm)	104
42	„So bist du meine Tochter nimmermehr" (Königin der Nacht: II,8). (34,5 x 25,5 cm)	105
43	„In diesen heilgen Hallen kennt man die Rache nicht" (Sarastro: II,12). (34,5 x 25,5 cm)	106
44	„Seyd uns zum zweyten Mal willkommen" (Die drei Knaben: II,16). In Lichtdruck hergestellt, da die Platte verlorenging. (34,5 x 25,5 cm)	107
45	„Sieh Tamino! diese Thränen fließen" (Pamina: II,18). (34,5 x 25,5 cm)	108
46	„Wie bitter sind der Trennung Leiden!" (Tamino und Pamina, Sarastro: II,19). (34,5 x 25,5 cm)	109
47	„Ein Mädchen oder Weibchen wünscht Papageno sich" (Papageno: II,23). (34,5 x 25,5 cm)	110
48	„Bald prangt, den Morgen zu verkünden, die Sonn auf goldner Bahn" (Die drei Knaben: II,26). In Lichtdruck hergestellt, da die Platte verlorenging. (34,5 x 25,5 cm)	111
49	„Du also bist mein Bräutigam, durch dich vollend ich meinen Gram!" (Pamina: II,27). (34,5 x 25,5 cm)	112
50	„Wird rein durch Feuer, Wasser, Luft und Erden" (Die zwei Geharnischten: II,28). (34,5 x 25,5 cm)	113
51	„Mich schreckt kein Tod, als Mann zu handeln" (Tamino: II,28). In Lichtdruck hergestellt, da die Platte verlorenging. (34,5 x 25,5 cm)	114
52	„Tamino mein! O welch ein Glück! Pamina mein!" (Pamina und Tamino: II,28). (34,5 x 25,5 cm)	115
53	Tamino und Pamina gehen durch das Feuer und die Wasserfluten (II,28). (34,5 x 25,5 cm)	116
54	„Triumph, Triumph, Triumph, du edles Paar" (Chor: II,28). In Lichtdruck hergestellt, da die Platte verlorenging. (34,5 x 25,5 cm)	117
55	„Halt ein! Halt ein! O Papageno, und sey klug!" (Die drei Knaben: II,29). (34,5 x 25,5 cm)	118
56	„Klinget Glöckchen, klinget, schafft mein Mädchen her!" (Papageno: II,29). (34,5 x 25,5 cm)	119
57	„Erst ein kleiner Papageno! dann eine kleine Papagena!" (Papageno und Papagena: II,29). (34,5 x 25,5 cm)	120
58	„Nur Stille! Stille! Stille! bald dringen wir im Tempel ein!" (Monostatos: II,30). (34,5 x 25,5cm)	121
59	„Die Strahlen der Sonne vertreiben die Nacht" (Sarastro: II,30). (34,5 x 25,5 cm)	122
60	„Es siegte die Stärke und krönet zum Lohn" (Chor: II,30). In Lichtdruck hergestellt, da die Platte verlorenging. (34,5 x 25,5 cm)	123
61	*Hans Meid:* Selbstbildnis. Kaltnadelradierung von 1917. (16,7 x 13,1 cm)	124
62–65	*Hans Meid:* Handzeichnungen zu Mozarts „Don Giovanni".	
62	Allegro molto (I,1), Donna Anna und Don Juan. Lichtdruck (1924) nach der im Krieg verlorenen Kreidezeichnung 1912. (29,5 x 21,0 cm)	125
63	Racheschwur (I,2), Donna Anna und Don Ottavio. Lichtdruck (1924) nach der im Krieg verlorenen Kreidezeichnung 1912. (26,0 x 18,5 cm)	126
64	Die drei Masken vor Don Juans Haus (Akt I, Finale). Lichtdruck (1924) nach der im Krieg verlorenen Kreidezeichnung 1912. (23,5 x 20,0 cm)	127
65	Don Juan und Leporello vor Donna Elviras Haus (II,3). Lichtdruck (1924) nach der im Krieg verlorenen, lavierten Kreidezeichnung 1912. (31,5 x 21,0 cm)	128
66–80	*Hans Meid:* „Don Juan. 15 Radierungen zur Oper von Mozart" im Verlag von Paul Cassirer, Berlin 1912.	
66	Titelradierung: Leporello mit dem Register. Kaltnadelradierung. (16,0 x 14,0 cm)	129
67	Allegro molto: „Ja, ich wage selbst mein Leben, Räuber Du entgehst mir nicht!". Kaltnadel und Grabstichel. (27,3 x 24,8 cm)	130
68	Ermordung des Comthurs. Kaltnadel und Grabstichel. (15,5 x 21,0 cm)	131
69	Auffindung der Leiche. Kaltnadel und Grabstichel. (21,0 x 21,0 cm)	132
70	Don Ottavios Racheschwur. Kaltnadel und Grabstichel. (19,6 x 14,8 cm)	133
71	Donna Elvira: „Wo werd ich ihn entdecken, für den mein Herz noch glüht?". Kaltnadelradierung. (22,0 x 24,5 cm)	134
72	Andante: „Komm auf mein Schloß mit mir!". Kaltnadelradierung. (23,0 x 24,5 cm)	135
73	„O, flieh den Bösewicht". Kaltnadel und Grabstichel. (20,0 x 23,7 cm)	136
74	Die drei Masken vor Don Juans Haus. Kaltnadel und Grabstichel. (27,0 x 21,5 cm)	137
75	Tumult nach dem Menuett. Kaltnadel und Grabstichel. (28,2 x 30,6 cm)	138

Bild		Seite	Bild		Seite
76	Don Juan und Leporello (in vertauschten Rollen) vor Donna Elviras Haus. Kaltnadel und Grabstichel. (27,6 x 19,5 cm)	139	78	„Fröhlich sei mein Abendessen". Kaltnadel und Grabstichel. (27,7 x 28,5 cm)	141
77	Kirchhofszene. Kaltnadel und Grabstichel. (27,8 x 21,6 cm)	140	79	Der Comthur erscheint. Kaltnadel und Grabstichel. (25,5 x 18,7 cm)	142
			80	Schluß: Höllensturz. Kaltnadel und Grabstichel. (31,4 x 26,3 cm)	143

Personenregister

Aber, Adolf 60
Adorno, Theodor W. (1903–1969) 57
Albiker, Karl (1878–1961) 31
Altdorfer, Albrecht (um 1480–1538) 20
Andrade, Francisco d' (1856–1921) 7, 11–15, 23–24, 28, 31, 38
— seine Frau 24
Andrésen, Ivar (1896–1940) 44
Anfossi, Pasquale (1727–1797) 41
Angermüller, Rudolph 9, 40–42, 45
Anheißer, Siegfried (1881–1938) 41, 43
Ansbacher, Gabriella 9
Appia, Adolphe (1862–1928) 39, 44
Aravantinos, Panos (1886–1930) 60
Attenkofer, Margot 42

Baccaloni, Salvatore (1900–1969) 56
Bach, Johann Sebastian (1685–1750) 10
Bader, Willy 50
Bailly, Alexandre 43, 49
Baldini, Gabriele 13
Baldung Grien, Hans (1484/85–1545) 20
Baranowsky, Alexander 60
Barbier, Jules (1822–1901) 47
Barion, A. 48
Barlach, Ernst (1870–1938) 18
Barré, Kurt (1889–1965) 47
Baylis, Lilian 48
Beaumarchais, Pierre-Augustin Caron de (1732–1799) 46–48
Bechtold, Rudolf 41, 61
Beckmann, Max (1884–1950) 29, 33
Beckmann, Peter 29
Beethoven, Ludwig van (1770–1827) 9
Behrens, Peter (1868–1940) 10
Beier, Ottohans 55
Berend-Corinth, Charlotte 14
Berger, Erna (1900–1990) 44
Berger, Ludwig (1892–1969) 41
Berger, Rudolf (1864–1915) 41
Berke, Dietrich 41
Bie, Oscar (1864–1938) 41
Bienenfeld, Elsa 49
Bodenstedt, Hans 55
Böhm, Karl (1894–1981) 54, 56
Boldogh, Lajos 44
Born, Claire (1898–?) 49
Brahm, Otto (1856–1912) 25
Bretzner, Christoph Friedrich (1746–1807) 43–44
Breuer, Hans (1868–1929) 44–45, 49, 56
Bronsgeest, Cornelis (1878–1957) 24, 43, 45, 54, 59
Browne, Marmaduke E. 56
Brühl, Georg 11
Bucar, Franjo (1861–?) 43
Büssel, Robert 50
Burg, Robert (1890–1946) 50
Burgkmair, Hans (1473–1531) 20
Busch, Fritz (1890–1951) 25, 31, 44, 51
Bushart, Bruno 11
Busoni, Ferruccio (1866–1924) 19

Calvet, Juan Mestres → Mestres Calvet, Juan
Cambon, Charles (1802–1875) 56
Carré, Albert 46–47
Carré, Michel (1819–1872) 47
Carvalho (Carvaille), Léon (1825–1897) 56
Casper, Jacques 31
Caspers, Eva 15, 19
Cassirer, Bruno (1872–1941) 11, 13, 15, 25, 27, 31
Cassirer, Paul (1871–1926) 11, 13, 15–16, 18–19, 21, 23, 54
Castil-Blaze, François Henry Joseph (1784–1857) 55
Cellini, Benvenuto (1500–1571) 17
Chéreau, Pierre 58
Chopin, Frédéric (1810–1849) 9–10
Choudens 47
Cooper, James Fenimore (1789–1851) 15
Corinth, Lovis (1858–1925) 14, 29
Corri, Charles 48
Cortelizis, Fritz 42
Craig, Edward Gordon (1872–1966) 39, 44
Cranach, Lukas (1472–1553) 20
Csáthy, Ferenc 44, 48, 61

Dannemann, Karl (1896–1945) 25
Da Ponte, Lorenzo (1749–1838) 23, 33, 37, 45–48, 54–57
Dargomyschskij, Alexander (1813–1869) 40
Degas, Edgar (1834–1917) 13
Delacroix, Eugène (1798–1863) 14, 54
Dent, Edward Joseph (1876–1957) 48
Deschamps, Émile (1791–1871) 55
Despléchin, Édouard–Désiré–Joseph (1802–1870) 56
Devrient, Eduard (1801–1877) 56
Diaghilew, Sergej Pawlowitsch (1872–1929) 39
Dieckmann, Friedrich 9, 17
Dowd, F. Harrison 41
Drésa, Jacques (1869–1929) 58–59
Dülberg, Ewald (1888–1933) 55, 61–62
Dürer, Albrecht (1471–1528) 20
Duhan, Hans (1890–1971) 49
Durieux, Tilla (1880–1971) 14

Ebers, Hermann (1881–?) 48
Eckmann, Otto (1865–1902) 10
El Lissitzky 47
Elzin, Serge 40
Engländer, Richard (1889–1966) 51
Erhardt, Otto (eig. Martin Ehrenhaus, 1888–?) 56, 59
Ermold, Ludwig 50
Ernst, Friedrich 50
Eysoldt, Gertrud (1870–1959) 14

Faure, Jean-Baptiste (1830–1914) 13–14
Ferrier, Paul (1843–1920) 46–47, 49
Fiala, Jaromír 42
Fischel, Oskar 38
Fischer, Trude 7
Florack, Hubert 50
Fontane, Theodor (1819–1898) 21
Forzano, Giovacchino (1884–1970) 56

Franken, Franz Hermann 7, 38
Franz, G. 56
Fried, Oscar (1871–1941) 15
Furtwängler, Wilhelm (1886–1954) 44

Garrick, David (1716–1779) 13
Gaul, August (1869–1921) 18
Genzmer, W. 42
Giesecke, Johann Georg Karl Ludwig (1761–1833) 58–61
Gluck, Christoph Willibald (1714–1787) 42
Goering, Theodor 7, 9–10
Goethe, Johann Wolfgang von (1749–1832) 17, 53
Grosse, Helmut 47
Gura, Eugen (1848–1906) 11
Gurlitt, Fritz 48
Guthmann, Johannes 10–11, 16, 19, 21, 24, 26–27

Hagel, Alfred 57
Hagemann, Carl 50
Hahn, Justus 50
Hahn, Reynaldo (1875–1949) 58
Hansen, Wilhelm 41
Harsányi, Zsolt 61
Heger, Robert (1886–1978) 48
Heine, Thomas Theodor (1867–1948) 10
Hell, Helmut 42
Hendel, Otto 43
Herold, Hermann 38
Hetsch, Gustav 41
Hevesi, Sándor 44
Hildesheimer, Wolfgang (1916–1991) 42
Hindemith, Paul (1895–1963) 30
Hinshaw, William Wade 44
Hirschel-Protsch, Günter 54
Hirschfeld, Robert (1858–1914) 41
Hirzel, Max 50
Hoberg, Reinhold (1859–?) 23, 48
Hörth, Franz Ludwig (1883–1934) 28, 50
Hofer, Karl (1878–1955) 30
Hoffmann, Ernst Theodor Amadeus (1766–1822) 48–49, 52
Hofmüller, Max (1881–?) 54
Hogarth, William (1697–1764) 13
Hopwood, James (1752–1851) 30

Imiela, Hans-Jürgen 9–11, 15, 17, 19, 21–22, 27–28, 38

Jambon, Marcel (1848–?) 43
Janáček, Leoš (1854–1928) 30
Jannasch, Adolf 38
Jentsch, Ralph 38
Jost, Christa 58
Jusseaume, Lucien 46, 49

Kämp, Frau 49
Kaplan, Emanuel 40
Kappel, Gertrud (1884–1971) 49
Keller, Carl 60
Kestenberg, Leo (1882–1962) 18–19, 21
Kienlin, Jules 58–59
Kindermann, Heinz (1894–1985) 57
Kinninger, Vincenz Georg (1767–1851) 30
Klemperer, Otto (1885–1973) 55, 61
Klinger, Max (1857–1920) 20
Knappertsbusch, Hans (1888–1965) 47

Knigge, Adolf Freiherr von (1751–1796) 45, 48
Koch, Heike 38
Kohl-Weigand, Franz Josef 10, 17
Kohler, Stephan 42
Kollwitz, Käthe (1867–1945) 30
Kralik, Heinrich (1887–1965) 41, 57, 59
Krauss, Clemens (1893–1954) 46, 55–58
Krehbiel, Henry Edward 44
Kruse, Georg Richard (1856–1944) 43–45, 48, 54, 59
Kutzschbach, Hermann (1875–1938) 42

Laicens, Linards 48
Langen, Albert 10
Lapissida, Raoul (1835–?) 43
Laux, Walter Stephan 21
Lert, Ernst (1883–1955) 40
Levastre 56
Levi, Hermann (1839–1900) 45, 48, 56
Lewicki, Ernst (1863–1937) 42
Lichten, Leopold 61
Liebermann, Max (1847–1935) 11, 18, 29

Mahler, Gustav (1860–1911) 44
Mandel, Gabriele 13
Manet, Edouard (1832–1883) 11, 13–14, 23
Marées, Hans von (1837–1887) 21
Maximilian I. (1459/1493–1519) 20
Mayer, E. von 46
Mayer, G. Emil 56
Mayr, Richard (1877–1935) 49
Meckbach, Wilhelm 42
Mehlich, Ernst (1888–?) 54
Meid, Eveline 29–30
Meid, Hans (1883–1957) 7, 29–38
Meid, Max 29, 38
Menzel, Adolph von (1815–1905) 12
Mestres Calvet, Juan 58
Mörike, Eduard (1804–1875) 48
Molitor, H. 58
Mora, Alois (1872–1947) 25
Mozart, Leopold (1719–1787) 20
Mozart, Wolfgang Amadeus (1756–1791) 7, 9–10, 15, 19–20, 22, 31, 33, 37–51, 53–62
Müller, Georg 59
Münster, Robert 41–42
Multzer, Marcel 46, 49
Muroma, Toivo 45

Nehajev, M. 48
Neumann, Alfred 46
Neumann, Käthe 38
Niese, Carl Friedrich (1821–1891) 42, 56
Nikisch, Grete 50
Novello, Vincent (1781–1861) 60
Novotný, V. J. 48

Oberhel, Stefanie 50
Orel, Arkadij 40
Osgood, H. O. 47

Pankok, Bernhard (1872–1943) 57
Paret, Peter 11
Pasetti, Leo (1882–1937) 47, 54
Passarge, Walter 27

Pauly-Dresden, Rose, geb. Pollak (1894–1975) 49
Paumgartner, Bernhard (1887–1971) 40
Pena, Costa Joaquim 43–44, 47, 59
Pergolesi, Giovanni Gattista (1710–1736) 44
Petersen, Arvid 43
Petrowa, Ekaterina 40
Plesch, Janos 27
Poelzig, Hans (1869–1936) 49
Pollak, Egon (1879–1933) 50, 60
Ponnelle, Jean-Pierre (1932–1988) 62
Prod'homme, Jacques-Gabriel (1871–1956) 58–59
Pütz, Wolfgang 45, 47

Ramberg, Johann Heinrich (1763–1840) 30
Reclam, Philipp 43–45, 48, 54, 58–59
Reifenscheid, Beate 10
Reinhardt, Max (1873–1943) 25, 30
Rigardo, Marietta de (1880–1966) 14
Rimskij-Korsakow, Nikolaj (1844–1908) 40
Rittner, Rudolf (1869–1943) 14
Rochlitz, Friedrich (1769–1842) 33, 54
Roland, Berthold 9, 15, 17, 19, 21–22, 28, 38
Roller, Alfred (1864–1935) 44–45, 49, 56, 58
Rother, Artur Martin (1885–1972) 42
Rovescalli, Antonio 56
Rudolph, Anton (1890–1971) 41, 46, 58, 62
Rudolph, Hans 50
Rümann, Arthur 21, 25
Rullman, Fred 56
Runge, Philipp Otto (1777–1810) 20

Sachse, Leopold (1880–1961) 60
Santori 56
Schalk, Franz (1863–1931) 44–45, 56, 60
Scheffler, Karl 38, 50, 53
Schikaneder, Emanuel (1751–1812) 58–61
Schmidt 54
Schmitt, Saladin (1883–1951) 45
Schneider, Louis 45
Schönberg, Arnold (1874–1951) 30
Schöne, Lotte 49
Schröder, Johannes (1883–1973) 45
Schubert, Franz (1797–1828) 45
Schuk, Lydia 40
Schultheiß, Karl Max 60
Schultz, Bernd 38
Schumann, Robert (1810–1856) 9–10
Schwind, Moritz von (1804–1871) 9, 17, 30
Sehring, Bernhard (1855–1932) 12
Seifert, Fritz 50
Seiter, August 50
Shakespeare, William (1564–1616) 13, 30–31
Sievers, Johannes 15, 16, 17, 24
Sievert, Ludwig (1887–1968) 46–47, 55, 57–58
Simons, Rainer 40, 45, 55
Singer, Gustav 47
Slevogt, Antonie, geb. Finkler 24

Slevogt, Max (1868–1932) 7, 9–31, 36, 38, 48, 50–51, 53–54
Stabile, Mariano (1888–1968) 56
Stahl, Ernst Leopold 42
Stangenberg, Harry 45
Steinkauler, Walter 42
Stephanie, Johann Gottlieb d.J. (1741–1800) 43–44
Strathmann, Carl (1866–1939) 10
Strauss, Richard (1864–1949) 10, 42, 49, 56–57
Strnad, Oskar (1879–1935) 50, 56, 60–61
Strohbach, Hans († 1949) 47
Struck, Hermann (1876–1944) 16
Stünzner, Elise (1886–1975) 50
Szenkar, Eugen (1891–1977) 47

Talankin, Wladimir 40
Tatlin 47
Tauber, Richard (1891–1948) 49
Teeuwisse, Nicolaes 11
Thomas, Ambroise (1811–1896) 13
Tichy, Wassilij 40
Tiedemann, Lotte 42
Tiedemann, Paul 42
Tiepolo, Giambattista (1696–1770) 27
Tietjen, Heinz (1881–1967) 28, 54
Treichlingen, Wilhelm 60
Troller, Georg (1862–1939) 42
Tschudi, Hugo von 11
Tube, Minna 29
Tuksam, Georg 56

Urbánek, František A. 48, 55

Verdi, Giuseppe (1813–1901) 56
Vidor, Dezsö 48
Viereck, Charlotte 50
Vieweg, Chr. Friedrich 42
Vill, Susanne 58
Voll, Karl 12
Vulpius, Christian August (1762–1827) 45, 48

Wagner, Ludwig 46
Wagner, Richard (1813–1883) 24, 27–28, 31, 44
Waldmann, Emil 15–17
Wallerstein, Lothar (1882–1949) 42, 46, 55–58, 60
Wallishausser 58
Wanscher, Vilhelm 55
Wedekind, Dr. 43, 45, 54
Weigmann, Otto 17
Weinert, Ida 50
Weingartner, Felix (1863–1942) 59
Wichert, Fritz 21
Wilde, Oscar (1856–1900) 14
Wildermann, Hans (1884–1954) 54, 60
Wittmann, Carl Friedrich 43, 45, 54, 58
Wohlfahrt, Hannsdieter 7
Wolf-Ferrari, Ermanno (1876–1948) 42
Wrede, Conrad 27

Großformat 28 x 31,5 cm. 240 Seiten mit 191 einfarbigen
und 56 farbigen Abbildungen. Leinen mit Schutzumschlag. DM 148,–
ISBN 3-87066-234-4

Das Buch ist keine Biographie im üblichen Sinn, sondern eine „Autobiographie",
geschrieben in Mozarts Sprache. Der Autor, Dr. Rudolph Angermüller,
Generalsekretär der Internationalen Stiftung Mozarteum Salzburg, konnte auf seine
reiche Erfahrung mit Mozart zurückgreifen, ebenso auf seine zahlreichen Publikationen.
Mozarts Leben läuft kaleidoskopartig vor dem Leser ab, sein Werk und seine Persönlichkeit
wird in vielen Facetten beleuchtet. Besonderen Reiz machen die Illustrationen von
Tony Munzlinger aus, die Mozart in gewohnten und ungewohnten Lebenslagen zeigen
und die den Zeitgeist der zweiten Hälfte des 18. Jahrhunderts widerspiegeln.

Verlag Karl Heinrich Bock

INTERNATIONALE STIFTUNG Mozarteum SALZBURG

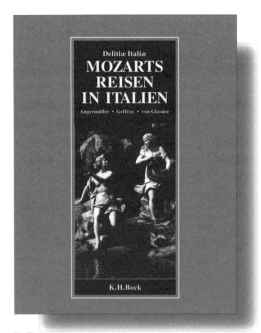

Mozarts Reisen in Italien

Von Rudolph Angermüller
unter Mitarbeit von Geneviève Geffray
Photographien: Vera von Glasner-Ostenwall
Herausgegeben von der Internationalen
Stiftung Mozarteum Salzburg
1994. 254 Seiten mit 83 farbigen
und 39 einfarbigen Abbildungen.
21,5 x 29,5 cm.
Leinen mit Schutzumschlag.
DM 78,– / öS 609,– / sFr 78,–
ISBN 3-87066-331-6

„... Eine interessante und amüsante Lektüre, bei der Italien-Liebhaber und Mozart-Fans gleichermaßen auf ihre Kosten kommen. Hervorragend ist der bibliographische Teil, der neben Mozart-in-Italien-Titeln (Bücher und Zeitungsartikel) auch einschlägige Werke der Reiseliteratur verzeichnet..."

Frankfurter Allgemeine Zeitung

Mozart auf der Reise nach Prag, Dresden, Leipzig und Berlin

Von Rudolph Angermüller
unter Mitarbeit von Geneviève Geffray
Photographien: Vera von Glasner-Ostenwall
Herausgegeben von der Internationalen
Stiftung Mozarteum Salzburg
1995. 256 Seiten mit 71 farbigen
und 57 einfarbigen Abbildungen.
21,5 x 29,5 cm.
Leinen mit Schutzumschlag.
DM 78,– / öS 609,– / sFr 78,–
ISBN 3-87066-367-7

Dem Salzburger und Europäer Mozart auf Reisen ist eine Serie von Ausstellungen in Mozarts Geburtshaus gewidmet.
1994 wurden Mozarts Reisen in Italien vorgestellt und 1995 die Reisen des Salzburger Meisters nach Prag, Dresden, Leipzig und Berlin beschrieben.

Verlag Karl Heinrich Bock · D-53581 Bad Honnef · Postfach 1145